A CONSTITUIÇÃO EUROPÉIA
O Projeto de uma Nova Teoria Constitucional

José Ribas Vieira (org.)
Francisco Moura
Igor de Abreu
Josué Mastrodi
Manuela Martins
Márcia Maria Tamburini

A CONSTITUIÇÃO EUROPÉIA
O Projeto de uma Nova Teoria Constitucional

RENOVAR

Rio de Janeiro • São Paulo • Recife
2004

Todos os direitos reservados à
LIVRARIA E EDITORA RENOVAR LTDA.
MATRIZ: Rua da Assembléia, 10/2.421 - Centro - RJ
CEP: 20011-901 - Tel.: (21) 2531-2205 - Fax: (21) 2531-2135
LIVRARIA CENTRO: Rua da Assembléia, 10 - loja E - Centro - RJ
CEP: 20011-901 - Tels.: (21) 2531-1316 / 2531-1338 - Fax: (21) 2531-1873
LIVRARIA IPANEMA: Rua Visconde de Pirajá, 273 - loja A - Ipanema - RJ
CEP: 22410-001 - Tel: (21) 2287-4080 - Fax: (21) 2287-4888
FILIAL RJ: Rua Antunes Maciel, 177 - São Cristóvão - RJ - CEP: 20940-010
Tels.: (21) 2589-1863 / 2580-8596 / 3860-6199 - Fax: (21) 2589-1962
FILIAL SP: Rua Santo Amaro, 257-A - Bela Vista - SP - CEP: 01315-001
Tel.: (11) 3104-9951 - Fax: (11) 3105-0359
FILIAL PE: Rua Gervásio Pires, 545 - Boa Vista - Recife - PE
Tel.: (81) 3223-4988 - Fax: (81) 3223-1176

www.editorarenovar.com.br   renovar@editorarenovar.com.br
SAC: 0800-221863
© 2004 by Livraria Editora Renovar Ltda.

Conselho Editorial

Arnaldo Lopes Süssekind — Presidente
Carlos Alberto Menezes Direito
Caio Tácito
Luiz Emygdio F. da Rosa Jr.
Celso de Albuquerque Mello
Ricardo Pereira Lira
Ricardo Lobo Torres
Vicente de Paulo Barretto

Revisão Tipográfica
Maria de Fátima Cavalcanti
Renato R. Carvalho

Capa
Sheila Neves

Editoração Eletrônica
TopTextos Edições Gráficas Ltda.

№ 0697

CIP-Brasil. Catalogação-na-fonte
Sindicato Nacional dos Editores de Livros, RJ.

V123c	Vieira, José Ribas (org.) A Constituição Européia: o projeto de uma nova teoria constitucional / José Ribas Vieira (org.), Francisco Moura, Igor de Abreu, Josué Mastrodi, Manuela Martins, Márcia Maria Tamburini. — Rio de Janeiro: Renovar, 2004. 272p. ; 21cm. ISBN 85-7147-431-1 Inclui bibliografia. 1. Sociedades comerciais – Legislação – Brasil. 2. Empresas – Legislação – Brasil. I. Título. CDD 346.81066

Proibida a reprodução (Lei 9.610/98)
Impresso no Brasil
Printed in Brazil

Autores:

José Ribas Vieira – Doutor em Direito pela Universidade do Estado do Rio de Janeiro (UFRJ), é professor do Programa de Pós-Graduação em Direito da Universidade Gama Filho (UGF) e coordenou o grupo de pesquisa sobre Jurisdição Constitucional (2002-2004) e Democracia.

Francisco Moura – Mestre em Direito pela Universidade Gama Filho (UGF), professor de direito público do curso de graduação da UGF e da Universidade Estácio de Sá (UNESA), advogado no Rio de Janeiro.

Igor de Abreu – Mestre em Direito pela Universidade Metodista de Piracicaba (UNIMEP), doutorando em Direito pela Universidade Gama Filho (UGF), professor de direito público do seu curso de graduação, advogado em São Paulo.

Josué Mastrodi – Mestre em Direito pela Universidade Gama Filho, doutorando em Direito pela mesma universidade, professor de direito público do seu curso de graduação, advogado no Rio de Janeiro.

Manuela Martins – Mestre em Direito pela Universidade Gama Filho (UGF), doutoranda em Direito pela mesma universidade, professora de direito público do seu curso de graduação.

Marcia Maria Tamburini – Mestre em Direito pela Universidade Gama Filho (UGF), doutoranda em direito por essa mesma instituição, é bolsista do curso de direito da Universidade de Montpellier (França), professora de direito público do curso de graduação da Universidade Estácio de Sá (UNESA) e Promotora de Justiça do Estado do Rio de Janeiro.

Os membros do grupo de pesquisa sobre Jurisdição Constitucional e Democracia da Universidade Gama Filho (UGF) agradecem ao Professor José Ribas Vieira, coordenador do referido grupo, responsável pelo desenvolvimento dos estudos que culminaram nesta obra, bem como à contribuição de Josué Mastrodi para sua organização e sistematização.

Índice

Introdução 1

Capítulo 1. Desenvolvimento Histórico e Limites do Legado Constitucional Pós-1945 7
1.1. O Debate Constitucional 7
1.2. Resgate Histórico do Processo Constitucional Norte-Americano 9
1.3. O Legado Constitucional pós-1945 e o Exemplo da Especificidade do Projeto da Constituição Européia 31
1.4. Entre o Legislador e o Juiz 39
1.5. O Sentido da Norma 41
1.6. A Moralidade e o Direito 44
1.7. Aspectos Finais 53

Capítulo 2. A Constituição Européia: Um Novo Legado Constitucional? 57
2.1. Introdução 57
2.2. Reflexões sobre a Construção da União Européia e sua Constituição 62
2.3 Desenhando alguns limites 79

Capítulo 3. Desenvolvimento Histórico da União Européia 87
3.1. Pontos Históricos 87

3.2. Formação da União Européia 88
3.3. Suas Instituições-matrizes 89
3.3.1. A CECA 89
3.3.2. Os Tratados de Roma 89
3.3.2.1. A Comunidade Econômica Européia 90
3.3.2.2. A Euratom 90
3.4. Ampliações da União Européia 92
3.4.1. Primeira Ampliação 93
3.4.2. Segunda Ampliação 93
3.4.3. Terceira Ampliação 94
3.4.4. Quarta Ampliação 95
3.4.5. Quinta Ampliação 95
3.5. A Europa dos Doze 96
3.6. A União Econômica e Monetária Européia 96
3.7. O Tratado de Maastricht 98
3.8. A União Européia Ocidental 99
3.9. Ata Única Européia 100
3.10. Espaço Econômico Europeu 101

Capítulo 4. O Projeto da Constituição Européia 103
4.1. Considerações Iniciais 103
4.2. Da Estrutura do Projeto da Constituição Européia 109
4.3. O Preâmbulo 112
4.4. (Re)Definição e Objetivos da União Européia 115
4.5. Direitos Fundamentais 120
4.6. Os Novos Caminhos da Cidadania e sua Dissociação da
Nacionalidade 125
4.7. A Cidadania Européia em Formação 127
4.8. Repartição Constitucional de Competências na
Constituição Européia 137
4.8.1. Considerações introdutórias 137
4.8.2. Repartição de Competências: Base do Federalismo 140
4.8.3. A Repartição de Competências na Constituição
Européia 145
4.9. Estrutura Institucional 158

Quadro nº 1. Ponderação do Peso Político dos Estados
Integrantes da União Européia: Comparação dos Sistemas
de Votação 162

Conclusão 167
Quadro nº 2. Posição dos Entes da União Européia por
Temas Institucionais 171

Apêndices 173
A Declaração de Laeken 173
O Projeto da Constituição Européia 191
Endereços eletrônicos para pesquisa 255

Bibliografia 257

INTRODUÇÃO

No início do século XXI, o campo da Teoria Constitucional foi marcado, de modo nítido, por dois aspectos centrais. Um, no sentido de que é necessário procedermos a uma avaliação da permanência ou não dos avanços dados pela Teoria Constitucional pós-1945. Estes avanços deram-se, em especial, na universalização e na forma de concretizar os Direitos Fundamentais.[1] Essa perspectiva mais valorativa da aplicação constitucional abriu horizontes para uma relevante discussão doutrinária nesses últimos sessenta anos de linha dicotômica no exame dos papéis de Juiz e de Legislador.

O outro é com o propósito de compreender todo o debate em torno do que virá a ser a futura Constituição Européia e se esta deve ser entendida como um possível marco do esgotamento do mencionado legado do período que se seguiu à Segunda Guerra mundial.

---

1 Vide obra de HÄBERLE, Peter. *El Estado Constitucional*. México. Trad. para o espanhol de Héctor Fix-Fierro. Cidade do México. UNAM, 2001. Nessa mencionada obra, HÄBERLE aponta para o fenômeno da universalização dos Direitos Fundamentais no período pós-1945.

Nessas circunstâncias, a presente obra *A Constituição Européia: O Projeto de uma Nova Teoria Constitucional* é resultado do trabalho conjunto de um grupo de pesquisadores do Programa de Pós-graduação em Direito da Universidade Gama Filho, grupo este que, de forma periódica, reuniu-se ao longo dos anos de 2002 e 2003, com o objetivo de refletir sobre vários aspectos da Teoria Constitucional.

Tais reuniões, tendo como temas principais a Jurisdição Constitucional e a democracia, basearam-se, numa etapa preliminar, nas análises a respeito de textos elaborados por pensadores contemporâneos, cujas obras são referências importantes para o entendimento da evolução da Teoria Constitucional na Europa. Nesse sentido, foi escolhida, entre outras obras examinadas, a de José ACOSTA SANCHEZ.[2] A opção por esse trabalho para análise deveu-se ao interesse desse jurista em resgatar historicamente toda a trajetória da Jurisdição Constitucional. Em seguida, num sentido direcionado sobre os papéis do legislador e do juiz, foi privilegiada a leitura de Luís PRIETO SANCHÍZ.[3] Afastando-nos do núcleo central de nossos estudos, caminhamos mais para um detalhamento a respeito da função interpretativa e o sentido da norma, recaindo nossa escolha em A. CASTANHEIRA NEVES.[4] Partimos, em seguida,

---

2   *Formación de la Constitución y Jurisdicción Constitucional: Fundamentos de la Democracia Constitucional*. Madri: Tecnos, 1998.

3   Prieto Sanchíz, Luís Acosta Sanchez, José. Tribunal Constitucional y Positivismo Jurídico, *in* Doxa nº 23. *Cuadernos de Filosofia del Derecho*. Alicante: Universidade de Alicante, 2003, pp. 161-195.

4   Castanheira Neves, A. *Entre o Legislador, a Sociedade e o Juiz: Ou entre Sistema, Função e Problema —Os Modelos Actualmente Alternativos de Realização Jurisdicional do Direito*. In Boletim da Faculdade de Direito de Coimbra, vol. LXXIV [separata]. Coimbra: Coimbra, 1998. Posteriormente, esse autor consolidou seus estudos na obra O *Actual Problema Metodológico da Interpretação Jurídica — I*. Coimbra: Coimbra, 2003.

ao exame da aplicação do conceito de *Direito justo* a partir de uma análise de Robert ALEXY.[5] Encerrada essa trajetória de reflexões, voltamo-nos, precisamente no decorrer de 2003, para o exame do projeto constitucional europeu.

Cabe ressaltar que a discussão sobre o Juiz e o Legislador, que se apresenta nesta obra em seu capítulo 1, serviu, com as devidas adaptações, como parâmetro para examinarmos o objeto central do presente estudo, que é o advento da primeira *Constituição-tratado* da história. Deve-se, assim, ser explicitado que o texto contido agora no capítulo 1 se volta a estabelecer um balanço sobre o desenvolvimento histórico e os possíveis limites do denominado legado constitucional pós-1945, a fim de podermos relacionar tal legado com a futura Constituição européia.

Nesse sentido, como já foi indicado anteriormente, ao examinarmos o projeto da Constituição européia, as considerações contidas no capítulo 1 deste trabalho serão relevantes para aferirmos se a futura Constituição estaria encerrando — ou não — o referido legado.

Quanto à outra linha de preocupação, no direcionamento do exame de projeto de Constituição européia, dedicamo-nos não só a demarcar sua fundamentação, mas também a promover nossas considerações em relação a pontos relevantes do próprio texto constitucional.

Em relação ao capítulo 2, este foi direcionado no sentido de responder questões centrais para a compreensão da Constituição européia: sua legitimidade, sua finalidade e

---

[5] Alexy, Robert. Derecho Justo, Retroactividad y Principio de Legalidad Penal. Trad. A. Daniel Oliver-Lalano *In Doxa* n° 23. Cuadernos de Filosofia del Derecho. Alicante: Universidad de Alicante, 2000, pp. 197-230. Um maior aprofundamento da Teoria dos Princípios está apresentado no trabalho de Robert ALEXY, *Epílogo a la Teoria de los Derechos Fundamentales*. Trad. Carlos Bernal Pulido. *In Revista de Derecho Constitucional* n° 66, set/dez de 2002, pp. 29-63.

sua vocação para a consolidação e contínuo desenvolvimento da União Européia. Além disso, discorremos nesse capítulo 2 a respeito de dois outros pontos relevantes: o primeiro, a influência do constitucionalismo norte-americano do final do século XVIII, conforme esboçado no capítulo 1, sobre esse novo constitucionalismo europeu no início do século XXI; o segundo, a apresentação de subsídios políticos, filosóficos e jurídicos para compreendermos a construção da própria União Européia e da elaboração de sua Constituição-tratado.

O capítulo 3 serve à finalidade de apresentar o desenvolvimento histórico dos países europeus que, após a Segunda Guerra mundial, tomaram a iniciativa que hoje se traduz na instituição da União Européia.

Em relação ao próximo capítulo, este fundamentou-se nas discussões acerca da obra coletiva organizada por Bruno de WITTE pelo *European University Institute*.[6] Ao longo desse capítulo 4, procedemos nossos comentários a determinados dispositivos do projeto constitucional europeu, na sua versão apresentada em 20 de junho de 2003, pelo Presidente da Convenção Européia ao Conselho Europeu, realizada em Tessalônica (Grécia). Privilegiamos, devido à sua importância, as análises dos dispositivos constitucionais sobre o preâmbulo, sobre a proteção aos Direitos Fundamentais e a repartição de competências. Em diálogo com o capítulo 2, esta parte de nossa obra apresenta, também, referências relevantes, no que diz respeito à legitimidade, sobre a questão da representatividade dos cidadãos europeus junto à União Européia, e, no que tange à estrutura e rela-

---

[6] Witte, Bruno de. *Ten Reflections on the Constitutional Treaty for Europe*. European University Institute Robert Schuman Centre for Advanced Studies and Academy of European Law. Trata-se de um *e-book* datado de abril de 2003, obtido pela página de internet www.germanlawjournal.com, acesso em setembro de 2003.

ção de poderes, o tema da organização da Europa na original construção de um sistema federativo de Estados soberanos.

Quanto à metodologia e às técnicas de pesquisa, enfatizamos, de um modo amplo, o surgimento da União Européia desde a formação da Comunidade Européia, tendo como base o Tratado de Roma (1957). No capítulo 1, diante da discussão dicotômica demarcando as presenças do Juiz e Legislador, não faltou relevância ao Direito Comparado exemplificado pelas referências aos sistemas jurídicos italiano e alemão. As técnicas de pesquisa cingiram-se, por exemplo, ao levantamento das obras bibliográficas, como as referidas nos capítulos 2 e 4, a respeito da União Européia, ocasião em que foram examinados os sistemas constitucionais de seus Estados-membros e a dificuldade de integrá-los a uma perspectiva maior de unidade a se materializar com um direito comunitário.[7]

A título de conclusão para esta Introdução, importa informar que não desconhecemos que, se de um lado estamos diante da expectativa de um possível esgotamento do legado constitucional pós-Segunda Guerra Mundial (capítulo 1), de outro lado a reunião de cúpula da União Européia, realizada em meados de dezembro de 2003,[8] acabou diante de um impasse em relação ao peso político da representação de Estados como a Espanha e Polônia (algumas razões desse impasse, comentados no capítulo 4, são ante-

---

7   Vide CARULLA, Santiago Ripol. *La Unión Europea en Transformación. El Tratado de la Unión Europea en el Proceso de Integración Comunitaria.* Barcelona: Ariel Derecho, 1995.

8   Vide *Folha de São Paulo*, de 12 de dezembro de 2003, Impasse ameaça a Constituição Européia. Vide *El País* de 29 de novembro de 2003, *El desencuentro entre España y la Unión Europea bloquea el debate final sobre la Constitución.*

vistas no capítulo 2). Não significam tais fatos um limite para os objetivos de análise propostos por esta obra. Ou seja, mesmo diante desses entraves, deparamo-nos, no mínimo, com um inédito processo de transição político-jurídica. Assim, ao cabo dessa mudança, cremos que as concepções de Estado e de Constituição, não importa o desenlace do presente momento histórico, apresentarão uma nova configuração jurídico-política. Esta obra se propõe, entre outras variáveis, a compreendê-la.

CAPÍTULO I

DESENVOLVIMENTO HISTÓRICO E LIMITES DO LEGADO CONSTITUCIONAL PÓS-1945[9]

1.1. O Debate Constitucional; 1.2. Resgate Histórico do Processo Constitucional Norte-Americano; 1.3. O Legado Constitucional pós-1945 e o Exemplo da Especifidade do Projeto da Constituição Européia 1.4. Entre o Legislador e o Juiz; 1.5. O Sentido das Normas; 1.6. A Moralidade e o Direito; 1.7. Aspectos Finais.

1.1. O Debate Constitucional

Neste momento em que nos dispomos a analisar o projeto da Constituição européia, objeto central da análise desta obra, abrindo caminho para importantes inovações

---

[9] Os autores agradecem a participação, nas reuniões do citado grupo de pesquisa, dos colegas Ataliba Pinheiro Espírito Santo e Valéria Mikaluckis, sempre presentes, e também a participação de Gilza Nobre, cuja contribuição para a redação do artigo coletivo *Da Vontade do Legislador ao Ativismo Judicial* foi utilizada no desenvolvimento do capítulo 1 deste livro.

constitucionais, não podemos deixar de traçar um paralelo com o debate constitucional norte-americano em relação a suas principais instituições políticas.[10]

No início do segundo semestre de 2002, como já foi apontado na Introdução desta obra, procuramos examinar as bases teóricas e políticas da experiência norte-americana do *Judicial Review of Legislation*, bem como o fato de o Tribunal Constitucional Federal Alemão vivenciar, no presente, os mesmos problemas de legitimidade materializados pela sua congênere norte-americana.[11] É o caso das interpretações elaboradas a esse respeito por Ingeborg MAUS e Jürgen HABERMAS. Considderamos que o estudo desse complexo contexto institucional é, sem dúvida alguma, relevante e que pode contribuir para o futuro de nossa própria teoria constitucional no Brasil.[12]

---

10 A respeito do debate norte-americano, destaca-se, como uma das respostas, a obra de POSNER, Richard A., *Law, Pragmatism and Democracy*. Cambridge: Harvard University Press, 2003 e, como análise crítica, a obra de TUSHNET, Mark. *The New Constitutional Order*. Princeton: Princeton University Press, 2003.

11 Sobre o debate alemão, uma síntese das questões apresentadas encontra-se em HÄBERLE, Peter. *Pluralismo y Constitución: Estúdios de Teoria Constitucional de la Sociedad Aberta*. Trad. Emilio Mikunda-Franco, Madrid: Tecnos, 2002 e, em DENNINGER, Erhard. *Diritti dell'Uomo e Legge Fondamentale*. Trad. para o italiano de Luitigard Riegert e Carlo Amirante. Roma: G. Giappichelli, 1998. *Cf.* também LLORENTE, Francisco Rubio "Divide et obtempera? Una Reflexión desde España sobre el Modelo Europeo de Convergencia de Jurisdicciones en la Protección de los Derechos", in *Revista Española de Derecho Constitucional n.67, jan/abr de 2003*, pp. 49-67. Neste artigo, LLORENTE trata a respeito de um outro aspecto da crise da Jurisdição Constitucional do denominado modelo europeu ou kelseniano, que é a dicotomia entre a justiça ordinária e a instância constitucional.

12 Não obstante, estudiosos brasileiros não estão distantes dessas reflexões, que têm sido desenvolvidas em trabalhos monográficos e pontuais, notadamente no campo principiológico. A título representativo

Com essas variáveis, juntamente com o projeto da Constituição européia, constatamos um quadro de mutação constitucional, de instituições e de valores. Retomamos uma das questões que perpassam esta obra: haveria um esgotamento do quadro da teoria constitucional pós-1945?

1.2. Resgate Histórico do Processo Constitucional Norte-Americano

Da leitura da obra citada de ACOSTA SÁNCHEZ,[13] compreendemos a atual crise do papel da Constituição tomando como fundamento o seu conceito e a delimitação do seu sentido material.

Direcionamos, assim, nossa atenção para a o estudo histórico da Constituição promovido por esse autor tendo, como referência o desenvolvimento da história Constitucional norte-americana. Para perceber a especificidade da Constituição norte-americana e do *Judicial Review of Legislation*, ACOSTA SÁNCHEZ inicia sua reflexão sobre o

---

dessa preocupação de caráter mais monográfico, destacamos a obra de: ÁVILA, Humberto, *Teoria dos Princípios da Definição à Aplicação dos Princípios Jurídicos*. São Paulo: Malheiros, 2002. Destacam-se, também. As obras de HECK, Luis Afonso, *O Tribunal Constitucional Federal e o Desenvolvimento dos Princípios Constitucionais*, Porto Alegre: Sergio Fabris, 1995, de CATTONI, Marcelo, *Direito Processual Constitucional*, Belo Horizonte: Ed. Mandamentos, 2001, de STRECK, Lenio Luiz, *Jurisdição Constitucional e Hermenêutica*, Porto Alegre: Livraria do Advogado, 2002, e de SAMPAIO, José Adércio Leite, *A Constituição Reinventada pela Jurisdição Constitucional*, Belo Horizonte: Del Rey, 2002.

13 ACOSTA SÁNCHEZ, José. *Formación de la Constitución y Jurisdicción Constitucional: Fundamentos de la Democracia Constitucional*. Madri: Tecnos, 1998.

universo anglo-saxão do final do século XVI e início do século XVII, destacando, entre outras contribuições, o pensamento jurídico de Edward Coke. Esses pontos históricos reforçam o sentido de que a *Judicial Review* apresenta uma *natureza autóctone* norte-americana, oriunda de sua própria complexidade histórica em relação à sua matriz inglesa. Mais precisamente, a investigação de ACOSTA SÁNCHEZ a respeito do *Judicial Review* está fundamentada nas origens da concepção da Constituição como *lei suprema* (art. VI da Constituição dos Estados Unidos de 1787).

Uma outra variável que merece estudo por parte desse autor espanhol, no intuito de compreender adequadamente a noção de *lei suprema*, é o princípio da separação de poderes. O autor faz uma incursão na Alemanha e, principalmente, na França, onde encontra Tribunais autônomos ao poder régio.

ACOSTA SÁNCHEZ estuda, também, a contribuição da teoria do Estado (Hobbes, Spinoza e Vattel) para responder às questões e às particularidades do constitucionalismo e do Direito Constitucional norte-americano.

Para articular os conceitos de separação de poderes e de *lei suprema*, esse autor sublinha, ainda, a importância do pensamento de Montesquieu para caracterizar a dinâmica político-social nos EUA no final do século XVIII, comparando o papel da aristocracia na França com a criação e instrumentalização de uma *aristocracia norte-americana via Senado* (uma vez que, após a independência norte-americana, não havia nobres nos Estados Unidos).

Não obstante, o modelo norte-americano teria ainda *hipertrofiado* a separação de poderes, por exemplo, na relevância do Poder Executivo por força do instituto do veto absoluto. Entretanto, na referida obra o autor destaca que o veto absoluto não foi suficiente à estruturação de uma ordem política estável. Nesse sentido, o Poder Judiciário se impôs, independentemente do art. 3º da Constituição de 1787 como instrumento para instituir o que veio a ser chamado de *bloco da legalidade*.[14]

Corroborando com essa falta de clareza sobre a real função do Poder Judiciário norte-americano naquele contexto, há uma análise do pensamento de Adams que não conseguiu explicitar, normativamente, essa presença do Judiciário norte-americano dentro da concepção de *judicial review*.

Vencida essa etapa histórica inicial no contexto norte-americano, definida mais nitidamente com o caso *Marbury versus Madison* (1803), merece ser observado que tal discussão não se encerrou, haja vista que o século XIX foi marcado por uma intensa discussão política quanto ao papel prevalente —ou não— da Corte Suprema (Poder Judiciário) sobre os demais órgãos constitucionais. Estabelecido esse quadro mais geral a respeito da trajetória histórica naquele país, cabe detalhar agora essa complexa dinâmica.

Gabriel Mably[15] perguntava-se diante da Constituição da Pensilvânia (1776), que criava o Conselho de Censores, contra os futuros legisladores, "como era possível, na hora de lançarem os fundamentos de uma República, ignorarem que nada pode limitar o Legislativo e em lugar de fazer o mesmo (Poder) ser tão grande e completo, como deveria

---

14 O referido dispositivo constitucional não dava, explicitamente, ao Poder Judiciário norte-americano via Corte Suprema, o papel de guardião da Constituição.

15 *Cf.* MABLY, Gabriel Bonnot de. *Obervations sur le Gouvernement et les Lois des Etats Unis d'Amerique*, Obras Completas, *apud* ACOSTA SÁNCHEZ, *op. cit.*, p. 20. Ao longo deste item, citaremos vários autores aos quais não faremos referência bibliográfica, pois estas já se encontram indicadas na obra estudada deste autor espanhol.

ser, recusarem a ele a faculdade de alterar e não permitirem que fosse mudado nada de sua primeira Constituição?"

Na realidade, a teoria política, no tocante ao Estado, desde o Renascimento até a ante-sala da Revolução Francesa, era inconcebível a limitação ao legislador. Não se podia pensar que o Soberano (uma pessoa, uma assembléia, o povo ou a Nação) autorizasse o exame de suas leis ou a anulação destas por um juiz.

Essa identidade soberano-legislador, bem como a inexistente análise do fenômeno da representação política, tornavam impossível prever uma hierarquia de leis que desse lugar a uma norma suprema, obra direta do soberano e, ainda, a exigência de defendê-la juridicamente, das leis de seus representantes. Por isso, a Constituição não poderia ter sido precedida de uma doutrina de sua superioridade. Assim, acentua ACOSTA SÁNCHEZ, ela seria o resultado de um processo histórico, só teorizável *a posteriori*.

Neste ponto, há que se fazer uma comparação com o projeto de Constituição européia: a exemplo da Carta magna norte-americana do século XVIII, a primeira Constituição-tratado da história seria, de igual modo, resultado de um processo histórico, e não decorrente de uma teoria prévia.

Historicamente, é preciso ver que nem todos os colonos (norte-americanos) viram o fundamento do seu direito nativo — o da *Common Law* — da mesma forma. Grupos sociais haviam partido (da Inglaterra) com a idéia de criar uma *teocracia* baseada na Bíblia cristã. Os primeiros profissionais do Direito foram pregadores e clérigos que utilizavam as Escrituras e o senso comum para resolver os conflitos de interesses.

A primeira resistência à *Common Law* foi concentrada em Massachusetts, Connecticut e Rhode Island, sob o movimento protestante puritano da primeira época colonial. A segunda, a revitalização desses movimentos, durante a Revolução norte-americana. Eram contra as regras de interpretação da *Common Law* que, segundo eles, só serviam para impor o pensamento dos juízes (*judicial construction*). Na Europa do século XVIII, paralelamente, o racionalismo caminhou também na mesma direção antiinterpretativa e antijudicial, que fazia a apoteose do Legislativo. César Beccaria afirmava que "a interpretação da lei é um mal".

O autor aponta, aqui, um grande paradoxo: essa tendência tão moderna e pujante, qual seja, a supremacia do Poder Legislativo, caiu derrotada, precisamente durante seu apogeu, pela instituição da primeira jurisdição constitucional, a *Judicial Review of Legislation*, revisão das leis pelos juízes, que tem, nos EUA, seu grande órgão na Suprema Corte. A derrota do *Império das Leis* pelo *Império de uma Lei*, assim como a vitória dos juízes encarregados da defesa desta, decorreram da revolução jurídica representada tão significativamente pelo Direito Constitucional norte-americano.

Ao passo que a Constituição Política (ou *Statute Constitution*, no sentido de carta política sem força normativa, na forma do Estado de Direito liberal) tem como paradigma a Constituição da Virgínia de 1776, a Constituição Normativa (no sentido de norma cogente fundamental do sistema jurídico, que requer a criação de um órgão para sua defesa em face do Legislativo), é o modelo das Constituições da Pensilvânia (1776) e de Nova York (1777) e, dez anos mais tarde, também dos Constituintes Federais. No entanto, nenhuma destas três logrou êxito na instituição de um sistema de revisão do Poder Legislativo pelo Poder Judiciário.

A intenção dos Constituintes Federais de 1787 era a de formar um "Estado federal forte", pela aglutinação dos Estados confederados, ou seja, muito mais do que havia conseguido a própria Confederação. Eles objetivavam, dessa forma, construir um Estado federal, convertendo, assim, a jurisdição constitucional num elemento inerente a ele, por mais que isto já estivesse implícito na prática da interpretação das leis pelos juízes feita na *Common Law*.

O maior interesse desses Constituintes não era tanto determinar a Constituição como lei suprema, mas, isto sim, o de garantir a supremacia do bloco da legalidade federal já mencionado (a Constituição Federal, as Leis do Congresso Nacional e os tratados internacionais).

A formação e o desenvolvimento, nos Estados Unidos, de um *Judicial Review* não dependia tanto de sua consagração no texto aprovado em 1789, mas resultado da evolução social e política. A Constituição escrita garantira, em seu início (art. II, em conexão com o IV), apenas a existência da Suprema Corte, com supremacia da União sobre a legislação e jurisprudência dos Estados-membros, mas não um sistema pleno de jurisdição constitucional, ou seja, um Tribunal Supremo com poder para anular leis do Congresso. Enfim, esse poder foi se consolidando fruto de seu evolver histórico e, não, de sua simples declaração na Constituição Federal de 1789.

Há, a respeito, doutrina de Hamilton, sobre a supremacia da Constituição, que está contida no seu artigo VI e também nos III e IV, bem como a primeira jurisprudência da Suprema Corte de, 1803, elaborada por Marshall, mas ao contrário do que se afirma com freqüência em análises menos detidas, nem a doutrina de Hamilton, nem a de Marshall se afastaram do empirismo da *Common Law*. O primeiro argumenta, no artigo 75 de *O Federalista*, mais com a lógica do que com a Constituição Federal. O segundo apresenta a faculdade dos juízes de revisar as leis não a partir dos artigos III e VI da Constituição Federal, mas como algo derivado da *natureza das coisas e da razão*, ou seja, da *Common Law*.

Depois dessa decisão de Marshall no caso já mencionado *Marbury vs Madison*, a Suprema Corte, até 1865, só havia cassado uma lei e um *Act* processual (e, mesmo assim, apenas parcialmente, e por duas vezes). Só após a Guerra de Secessão (em termos revolucionários, muito mais importante que a Guerra da Independência), com a vitória da União e o seu fortalecimento, é que a Suprema Corte passou efetivamente a controlar a constitucionalidade de leis por meio de *judicial review*, tanto federais como estaduais, que contrariassem a Constituição Federal.

A extensa evolução da Emenda XIV de 1868 e de sua interpretação é um compêndio dessa prática e demonstra a predominante influência da História em seu desenvolvimento. A maior parte do Direito Constitucional norte-americano giraria em torno disto até o final do século XIX, em um processo de interpretação que cada vez mais promovia a recriação de seu objeto e o afastamento do texto daquela Emenda. ACOSTA SANCHEZ lembra que, passados mais de 100 anos, em 1990, se afirmou que "a jurisprudência sobre a Emenda XIV se encontra num estado de profunda transformação" (Robin West).

A partir do estudo da dinâmica constitucional dessa Emenda, é possível compreender os efeitos da expansão e potência da *Judicial Review of Legislation* sobre o Direito Constitucional estadunidense. Em definitivo, trata-se de um Direito Constitucional jurisprudencial, conseqüência, por uma parte, da atrofia do *amending power* (devido ao excesso de limites formais impostos pelo art. V da Constituição de 1787), o poder da reforma constitucional e, por outra, do processo acumulativo da jurisprudência da Suprema Corte, que se pôs em funcionamento em 1789 e alcançou seu maior desdobramento no grande período de ativismo judicial sob as presidências de Warren e Burger (1953-1986).

Essa metamorfose judicial do Direito Constitucional dos EUA cristalizou, na segunda metade do século XX, uma crescente substituição de sua base formal — a Constituição de 1829 e suas 27 Emendas — por outra, *jurisprudencial, material e aberta*. Essa transformação é vista por um autor como um "processo de desaparecimento da Constituição" e como a gestação de um "Direito Constitucional sem Constituição" (Lino Graglia).

Na Europa, como na América do Norte, houve uma metamorfose do Direito Constitucional imposta pelas transformações da sociedade. "Esta evolução é um fato político, sem dúvida, mas também um fato social" conforme afirmação de Leo Hamon, explicando a portentosa transformação do Direito Constitucional francês desde 1791.

Todo esse processo pode ser sintetizado deste modo: a existência da Constituição como lei suprema implica na sua metamorfose: *a jurisdição, chamada a defendê-la, necessariamente a transforma*.

Nesse sentido, o *Direito Constitucional Jurisprudencial* se nos apresenta como uma transformação jurídica de transcendência semelhante à que teve, no passado, a aparição do Direito escrito, do Direito positivo e do Direito Constitucional. O expansivo futuro do fenômeno não se discute:

> Na Europa, a jurisdição constitucional é uma instituição destinada a permanecer e a se estender... o esforço por limitar o poder dos juízes se situa sobre todo o âmbito da teoria da interpretação mais que na teoria da Constituição ou da democracia; O controle da constitucionalidade não pode ser limitado a suas funções originais. Na medida em que as funções governamentais se

ampliam, o controle das jurisdições constitucionais há de se estender a novos campos ... seguindo o exemplo dos Estados Unidos .... Na medida em que a Jurisdição Constitucional intervirá na legislação será cada vez maior. As possibilidades de acesso dos cidadãos às jurisdições constitucionais se ampliarão, em parte mediante reforma constitucionais, em parte, através de interpretações extensivas ou de prática compreensivas, como no caso da Itália. À vista da politização crescente da sociedade, essas jurisdições defenderão mais ativamente a estrutura da Constituição, da democracia e do Estado de Direito, assim como os direitos individuais (Alexander von Brünneck).

Do forte desdobramento do Direito Constitucional jurisprudencial emana a realidade de uma crescente Constituição material *superposta* à original e formal. O que, por sua vez, provoca a necessidade metodológica da Teoria da Constituição de construir um novo conceito para esta, que nada tem a ver com seus anteriores conceitos materiais (como aqueles cunhados por Schmitt, Hauriou, Mortati etc.), senão tomando como base a natureza do Estado atual, sua complexidade, as crescentes necessidades da Sociedade em que se move e a ordem internacional em que está inserida.

A chave das novas demandas teóricas e metodológicas é a mesma, pois, que é a da grande transformação que as gera: uma exigência permanente do Direito Constitucional e da constitucionalização do Direito, para cuja satisfação das jurisdições supranacionais se projetam e conectam com as jurisdições constitucionais nacionais em planos de *"complementaridade"* (Joël Rideau).

Convém repetir a tese do mestre Jean-François Aubert: *não é possível que a Constituição formal contenha a totalidade das regras constitucionais materiais de um Estado.*

Convertidos os direitos fundamentais (especialmente por causa da conscientização dos horrores causados à Humanidade pela Segunda Guerra Mundial) no coração do Estado de Direito e do Direito Constitucional, eles explicam o processo de crescente primazia na segunda metade do século XX da jurisdição constitucional dos direitos, ou centro de sua função garantística e o cada vez maior caráter instrumental de suas funções de controle de constitucionalidade e arbitral. Com matizações, "assegurar a constitucionalidade das leis persegue a finalidade única de garantir a vigência dos direitos" (Francisco Rubio Llorente).

"Apenas em dois países os juízes constitucionais são 'os juízes da lei': França e Itália. E não se deve esquecer que, na Itália, numerosos atos legislativos controlados são, não leis parlamentares, senão decretos-leis ditados pelo poder executivo. Algo assim se observa também a respeito da Espanha" (Louis Favoreau). Além disso, o controle de constitucionalidade se realiza na Itália fundamentalmente por via incidental, por meio de questões de inconstitucionalidade levantadas pelos juízes, não por via principal ou por recursos diretos de inconstitucionalidade. Por esse controle difuso, "por ser eminentemente garantista"[16] e pelo papel marginal do controle direto de constitucionalidade, a jurisdição constitucional italiana é paradigma de distanciamento do modelo original europeu e de aproximação com o norte-americano.

A Jurisprudência constitucional, atendendo às demandas sociais e aos contextos nacionais e internacionais, adota cada vez maior número de normas de referência não-escri-

---

16 Sobre o tema Jurisdição Constitucional, PIZZORUSSO escreveu "Gli Effetti delle Decisioni delle Corte Costituzionale nei Giudizi Ordinari", In *Rivista Trimestrale di Diritto e Procedura Civile*, ano XLI, 1987, pp. 909-924.

tas na Constituição nacional e acrescenta a esta novos direitos, liberdades, princípios, valores e normas. Crescentemente, "todas as matérias de Direito público ou privado formam a 'ramagem' da Constituição" (Dominique Rousseau) e se considera que "o que há de contar finalmente é a constitucionalização progressiva dos distintos ramos do direito e o progresso que isso representa para a proteção dos direitos fundamentais" (Louis Favoreau).

Ambos os processos — Direito Constitucional jurisprudencial e constitucionalização de todos os ramos do Direito — fomentam a tendência para uma unificação jurídica e o desaparecimento dos limites da Constituição nacional formal, tendência que se acentua, em particular, sob a ordem jurídica supranacional, ou, exemplificando, sob os efeitos do desenvolvimento do Direito comunitário e da construção 'constitucional' da União Européia, que tutela o Tribunal de Justiça de Luxemburgo, seguindo os exemplos e normas da Suprema Corte norte-americana.

Convém destacar a opinião de Antonio Baldassare, presidente do Tribunal Constitucional italiano: "Se na metade do século (XX) se pensava que o modelo de Constituição não escrita só podia valer para o mundo anglo-saxão, hoje, sabemos, pelo contrário, que a idéia de uma Constituição real, direta, não-escrita, interpretada, vivida, é uma verdade para toda Europa (*L'Opinione*, 3 de março de 1995)".

ACOSTA SÁNCHEZ direciona, como um contraponto a essa perspectiva judicial contida nos Estados Unidos, para uma linha do legislador com a situação francesa. Nela, esse autor destaca a importância das *Leis Fundamentais do Reino*, sistema normativo de natureza medieval, para compreender o processo constitucional francês pós-1789. As *Leis Fundamentais do Reino* caracterizaram a existência de um pacto político entre o povo e o rei. A importância dessa trajetória deixou como marca, por exemplo, as contradições de funcionamento da Assembléia Nacional Constituinte de 1789, imbricadas pela presença de um direito histórico e, de outra parte, pelo Direito Natural.

Conclui o autor estudado que, diferentemente do quadro constitucional norte-americano, há no caso francês um *sentido social*. É o predomínio, por influência dessa tradição medieval (*Leis Fundamentais do Reino*) da Lei sobre a Constituição. É um processo constitucional *sem Constituição*.

Na obra em exame, há uma perspectiva jurídica em seu capítulo V, em que se destaca um resumo da *dinâmica* do sistema constitucional norte-americano, sobressaindo a presença da Suprema Corte (notadamente quando presidida por Warren e Burger nos anos 1960-1970). Há um ponto importante na sua articulação com a realidade francesa no sentido de que, nesse período citado, o sistema constitucional norte-americano acaba por se definir, de certo modo, como *sem Constituição* pelo ativismo judicial (por conta do distanciamento, por via interpretativa, de sua base formal — de seu texto escrito —, conforme informado há pouco). Podemos encontrar, nesse capítulo V, uma rica análise a respeito do originalismo/interpretativismo.[17]

Por essa razão, com auxílio na minuciosa resenha, por Gerardo PISARELLO, da obra de Javier DORADO Porras,[18] detalharemos mais as conclusões já alcançadas na lei-

---

17 Destacamos, ainda, as contribuições de Wechsler (princípios neutrais) e de Bickel.
18 DORADO Porras, Javier. *El Debate sobre el Control Constitucional en los Estados Unidos*, Madrid: Dickinson, 1997. *Apud* PISARELLO, Gerardo. Cuestiones Constitucionales [Resenhas]. México: Universidad Nacional Autónoma de México, Instituto de Investigaciones Jurídicas, 1999. Disponível em: http://www.ejournal.unam.mx/cuestiones/cconst.index.html. Acesso em 27.jul.2003. A partir deste ponto, citaremos vários autores aos quais não faremos referência biblio-

tura de ACOSTA SÁNCHEZ sobre o estudo do ativismo judicial norte-americano.

Nesse ponto, é provável que seja verdade a afirmação de que o controle judicial da constitucionalidade representa, como já foi demonstrado, a contribuição mais original da cultura jurídica dos EUA ao constitucionalismo de nosso tempo.

Após uma custosa evolução, este fenômeno se estendeu à maioria dos atuais Estados constitucionais, em que o debate em torno da jurisdição constitucional, difusa ou concentrada, passou a ocupar um lugar central.

Esta transformação justifica o interesse que pode suscitar o recente livro de DORADO. Segundo este autor, o debate sobre o *Judicial Review* nos EUA realizou-se a partir de dois pontos de vista distintos. Cada um deles, por sua vez, conteria duas posições:

(a) Por um lado, existe uma abordagem ideológico-política à função judicial, que estabelece uma disputa entre os partidos do ativismo judicial e os da auto-restrição (*Activism versus Self-restraint*).

(b) Por outro lado, existe um enfoque técnico-jurídico que se ocupa dos métodos da interpretação da Constituição e recolhe as duas posições encontradas: o interpretativismo e o não-interpretativismo.

Para os interpretativistas, a Constituição e, em concreto, os direitos fundamentais, teriam um significado unívoco que os juízes poderiam desentranhar "sem sair das quatro esquinas do texto constitucional", sem recorrer a fontes extranormativas. Os não-interpretativistas, ao contrário, sustentam que, junto a determinados preceitos constitucionais precisos ou claros, existem outros — que com-

---

gráfica, pois estas já se encontram indicadas na obra resenhada de DORADO.

preendem os direitos fundamentais — frente aos quais os juízes têm mais de uma possibilidade de interpretação.

Também os pontos de vista ideológico-político e técnico-jurídico podem combinar entre si, dando lugar, como se verá, a distintas posições. Destas combinações resulta, segundo DORADO, uma incontestável subordinação dos métodos técnico-jurídicos de interpretação à atitude ideológico-política acerca do papel dos juízes em geral. Isto não quer dizer que os métodos técnicos sejam irrelevantes. Simplesmente, serve para assinalar como a adoção destes depende da postura de fundo que previamente se tenha sobre o ativismo judicial e não a inversa.

Uma abordagem inicial permite encontrar críticas ao ativismo judicial tanto no lado dos interpretativistas como no dos não-interpretativistas.[19]

(a) Encontrar-se-iam os interpretativistas estritos ou Originalistas. Em termos gerais, sustentam que a Constituição teria um sentido unívoco, coincidente com a vontade dos pais fundadores (*founding fathers*). Em conseqüência, ali onde o *original intent* não oferecesse uma resposta clara, o juiz deveria praticar a auto-restrição (*self-restraint*) e deixar que tal questão seja decidida pelo legislador. Se o Originalismo não é adequado, disse um dos seus mais conspícuos representantes, a única solução é abandonar a *judicial review* e "deixar que governem as maiorias democráticas, pois não há um direito superior ao seu".

Apesar de sua aparência democrática, esta posição corresponde a um antiativismo conservador e se remonta à

---

19 O debate após o caso Roe *versus* Wade (1973), legitimando o aborto nos EUA, cindiu, na verdade, a discussão constitucional em dois segmentos: os *interpretativistas* (preocupados com o *original intent of the Constitution*) e os *não-interpretativistas*. A propósito, o próprio texto de DORADO esclarece tais distinções.

crítica do ativismo progressista do denominado Tribunal Warren (*i.e.*, o período compreendido entre 1953 e 1969 em que a Corte Suprema foi presidida por aquele juiz), principalmente, e do Tribunal Burger (1969-1986). Seus defensores constituem o que Bernard Schwartz denomina de nova direita constitucional e formam parte de uma corrente que ganhou força com a nomeação, durante o governo de Ronald Reagan, de 368 juízes — mais da metade dos que integram a justiça federal — extraídos das fileiras do conservador partido republicano. Entre eles figuram o atual presidente do Tribunal Supremo, William Rehnquist, os juízes Antonin Scalia e Robert Bork ou Raoul Berger, em cujo livro — *Government by Judiciary* (1977), são expostos os principais postulados do Originalismo.

(b) Uma outra corrente antiativismo judicial, ou que ao menos pretende sê-lo, seria a do *não-interpretativismo moderado*. Seus expoentes, em geral, são partidários da chamada *diferença judicial*. Crêem que a Constituição não teria um sentido único, apenas que comportaria uma combinação de normas claras e normas abertas. Frente a essas últimas, afirmam, os juízes deveriam deixar a resposta final ao legislador. Esta corrente constitui a base de uma objeção contra-majoritária aos juízes constitucionais, segundo a qual estes carecem de legitimidade para dar a última palavra em matérias relevantes de política constitucional, já que não são eleitos pelo povo nem têm responsabilidade diante do eleitorado.

Do ponto de vista histórico-político, estaríamos em princípio diante de um *progressivismo antiativista*. Não obstante, esta situação admite vários matizes. DORADO reconhece duas versões:

(a) A primeira está dada pela corrente não-interpretativista, que reage contra o chamado tribunal do *laissez-faire*, que se estende desde o início do controle judicial de constitucionalidade, de 1803, portanto, até 1937. Esta etapa foi conhecida também como *Era Lochner* e, durante seu curso, a Corte Suprema utilizou a cláusula do devido processo legal (*due process of law*) das Emendas V e XIV para proteger a propriedade privada e obstaculizar qualquer tipo de legislação social que pretendesse modificar o regime do livre mercado. Frente a este ativismo conservador, que pretendia atribuir à Constituição um sentido econômico único, decorrente do liberalismo capitalista, reagiu o não-interpretativismo moderado. Uma de suas figuras mais rutilantes foi o juiz Oliver Wendell Holmes que, como membro do Tribunal Supremo, manteve posturas afinadas com a diferença e já em sua dissidência no julgamento do caso *Lochner vs. Nova York*, em 1905, emitiu o célebre *dictum* segundo o qual "a Emenda Décima Quarta não reconhece as teorias de Mr. Spencer — Estática Social em 1851, inspirada numa espécie de 'darwinismo social'. Ali, condenava qualquer intervenção do Estado em favor dos mais deserdados como uma degradação da espécie humana. Era, pelo contrário, a própria lei da natureza a que devia determinar a sobrevivência dos mais aptos e o piedoso desaparecimento dos débeis..., a Constituição não pretende reconhecer uma particular teoria econômica, ainda que seja pelo paternalismo e a relação do cidadão com o Estado do *laissez-faire*".

(b) Uma segunda linha de pensamento, mais perto no tempo, que restabelece o não-interpretativismo moderado é a de John Hart Ely. Em nome, mais uma vez, da objeção contra-majoritária, Ely dirige suas críticas ao ativismo e à utilização, por parte dos juízes, de seus próprios valores substantivos na hora de proferir sentenças. Em termos gerais, Ely intenta oferecer uma versão restrita do controle judicial, que expulse os excessos de ativismo, mas mantenha critérios progressistas em matéria de interpretação.

Diante das correntes hermenêuticas substantivistas, Ely propõe uma teoria adjetiva, consistente em apresentar o juiz como árbitro, como um *outsider* encarregado de controlar a permanente abertura dos canais procedimentais democráticos e proteger as minorias. No modelo de Ely, os juízes não teriam por função se pronunciar sobre o conteúdo que as políticas constitucionais fundamentais deveriam ter, senão garantir a maximização de mecanismos democráticos que permitam a participação de todos na sua definição.

Desse modo, o não-interpretativismo moderado se apresenta como uma postura progressista partidária da auto-restrição. Sem dúvida, uma visão mais detida permite notar, paradoxalmente, segundo cremos, que tanto as posturas de Holmes, na prática, como as de Ely, na teoria, estabelecem, de certa forma, novas formas de ativismo judicial.

Holmes, por um lado, foi antiativista frente à tendência majoritária do conservador Tribunal da *Era Lochner*, mas impulsionou uma jurisprudência ativista-progressista no que se refere às liberdades individuais, através da chamada teoria das liberdades preferentes (*preferred freedoms*), sobretudo em matéria de liberdade de expressão.

Na teoria adjetiva de Ely, por sua vez, levantou também algumas interrogações. Lawrence Tribe, por exemplo, objeta que é um absurdo sustentar que a constituição se ocupa (ou deveria fazê-lo) do adjetivo, do processo e não da substância. Ademais, em caso de ser assim, apenas o discernimento de quanto se está diante da necessidade de abrir o processo democrático exigiria considerações substantivas. Dessa forma, teriam de ser levadas em consideração questões como a definição dos que votam, a abertura de canais de participação popular, a não-marginalização das minorias etc.. Enfim, o juiz idealizado por Ely, encarregado de promover o controle de constitucionalidade de leis, se nos apresenta como um robusto ativista judicial, ainda que num sentido progressista.

Entre os partidários do ativismo judicial, DORADO identifica duas atitudes:

(a) A primeira delas corresponde ao *interpretativismo moderado*, representado por Ronald DWORKIN. Sua posição poderia ser descrita como a de um substantivista, interpretativista e ativista. Como ponto de partida, DWORKIN propõe distinguir juridicamente os conceitos das concepções. Estas últimas compreenderiam eleições claras do constituinte e, portanto, deveriam ser aplicadas por meio de uma interpretação literal do texto da norma. Os conceitos, ao contrário, seriam abertos e vagos e estabeleceriam um problema de interpretação, já que podem conter concepções concorrentes de moralidade política. Daqui poderia derivar uma tese partidária de diferença judicial. O juiz aplicaria as concepções, reservando ao legislador a concretização dos conceitos. Sem dúvida, a idéia de que a Constituição tem um sentido unívoco leva DWORKIN a sustentar que a concepção de um juiz pode ser preferível a de um legislador e que, em conseqüência, haveria uma concepção moralmente melhor que as outras. Para descobrir essa melhor e única resposta, DWORKIN reveste seu modelo de juiz de qualidades *hercúleas*,[20] que o mandam inda-

---

20 A respeito dessa criação filosófica de DWORKIN, o juiz Hércules, "*um operador do direito com habilidades de aprendizagem, paciência e perspicácia super-humanas*", cf. o capítulo 4.5 de *Taking Rights Seriously*, Cambridge: Harvard University Press, 2002, 18ª ed., pp. 105 e ss. (Há tradução para o espanhol: *Los Derechos en Serio*. Trad. Marta Guastavino. Barcelona: Ariel, 1995, 2ª reimp.. A editora Martins Fontes publicou tradução para o português sob o título *Levando os Direitos a Sério*. Trad. Nelson Boeira. São Paulo, 2002.) Para DWORKIN, o dever do juiz é descobrir quais são os direitos das partes (a partir de

gar não só o texto positivo, como também a filosofia moral e política. Em princípio, também neste caso, estaríamos ante um ativismo progressista. DWORKIN avança até uma teoria dos valores para justificar as jurisprudências dos tribunais Warren e Burger. Por outro lado, tratar-se-ia de uma postura que resiste à objeção contra-majoritária já que, precisamente, intentaria demonstrar, contra o enfoque utilitarista, que os direitos constitucionais são verdadeiros trunfos frente à maioria.

Sem dúvida, seu interpretativismo mereceu críticas sérias e fundadas sobre as que não vamos estender-nos aqui. Sua teoria, já se disse, não elimina a discricionariedade do juiz, só a adia. Que ocorreria se existissem dois ou mais juízes Hércules convencidos de terem a única resposta correta? Seria isso desejável? Por outro lado, o interpretativismo de DWORKIN seria muito *sui generis*, já que sustenta que a Constituição tem um sentido unívoco, mas admite que este possa ser encontrado fora das "quatro esquinas" de seu texto. Mais ainda, no caso em que o juiz de DWORKIN se encontrasse frente a uma norma positiva que ele julgar injusta, estaria autorizado a mentir ou a dizer que não é válida, ou que simplesmente ela não é Direito.

(b) Sobre a base destas críticas, seria possível identificar uma segunda posição ativista e substancialista, qual seja, a do não-interpretativismo estrito. À guisa de exemplo desta postura, poder-se-ia falar de M. J. Perry. Em sua opinião, os que intentam defender o ativismo com argumentos textualistas ou históricos fazem um franco favor à *judicial review* não-interpretativa. Para ele, não existiria um sentido a único na Constituição e, em definitivo, é que

---

padrões históricos pré-estabelecidos, que são os princípios), o que significa que o juiz jamais inventaria direitos novos mas, isto sim, *declararia direitos já existentes* (ainda que não reconhecidos até então).

cada geração julga materialmente sua Constituição viva (*the Living Constitution*). Por isso, mostra, é preciso reconhecer abertamente que a tarefa do Tribunal Supremo não é de interpretação constitucional, mas, isto sim, a de uma verdadeira *criação política* (*policy making*).

Os juízes não devem ocultar seus motivos na justificação de suas decisões e pretender que falam pela Constituição quando, na realidade, falam por seus próprios valores. De onde, então, deveria o juiz extrair esses valores? Em um primeiro momento, Perry sustenta que a fonte valorativa seria o consenso social, mas frente a uma acertada crítica de Ely, muda sua consideração inicial e admite que o juiz os adquire da experiência, do estudo e da reflexão, quer dizer, de sua própria vida.[21] E com que direção? Em um único sentido, responde Perry: a proteção dos direitos humanos.

Também aqui poderíamos encontrar uma atitude que propicia uma hermenêutica progressista, mas que mantém uma atitude de radical descrença quanto à possibilidade de determinação de áreas claras de aplicação das normas. O juiz, como vimos, atuaria conforme seus valores, mas com a finalidade de proteger os direitos humanos. Para que sua decisão seja legítima, Perry exige dois requisitos: que seja fundamentada, argumentada; e que as decisões sejam, no máximo, *extraconstitucionais*, mas em nenhuma hipótese *contraconstitucionais*, já que, neste caso, a decisão não poderia ser entendida como jurídica.

Esta seria uma síntese da descrição que DORADO apresenta em seu artigo. Em seguida, procuraremos resu-

---

[21] O juiz desenvolveria seus próprios valores com base na construção de sua realidade, a partir das relações intersubjetivas dentro de sua Sociedade. Importante assinalar que, na conclusão deste trabalho, aprofundaremos a noção de *valores* através da concepção de *consciência jurídica* como esta é percebida pelos autores estudados por nós.

mir, em alguns poucos pontos, a posição desse autor, bem como nossa crítica.

DORADO sustenta que o ponto-chave que subjaz ao debate norte-americano sobre o *Judicial Review* reside em uma *tomada de posição frente ao ativismo* e, sobretudo, ao ativismo progressista dos tribunais Warren e Burger.

Além disso, critica a obsolescência da posição Originalista, equiparando-a à envelhecida idéia de Montesquieu do juiz como *boca da lei*. Ademais, assinala que a preocupação do conservadorismo Originalista está relacionada a interpretação da Constituição em um sentido progressista, pois seria preferível fazê-lo, segundo essa corrente, respeitando a intenção dos pais fundadores, quer dizer, com critérios defasados que, na maioria dos casos, contradiriam com uma interpretação extensiva dos direitos fundamentais.

Sem dúvida, reconhece também, que a importância do Originalismo, de acordo com a teoria de Ely, é haver advertido sobre os riscos contra-majoritários do ativismo: a substituição dos representantes do povo pelos juízes poderia trazer mais problemas do que vantagens.

Por sua parte, o valor das teorias substantivas seria o de destacar a necessidade de adaptação do direito através da interpretação constitucional.

O juiz constitucional, sustenta DORADO (de acordo com as premissas do modelo kelseniano de controle de constitucionalidade), deveria exercer as funções de um legislador negativo, que delinearia o marco dentro do qual o Parlamento pode realizar as diferentes alternativas político-jurídicas, mas sem impor uma determinada direção.

Esta última afirmação supõe o repúdio à idéia de um sentido unívoco da Constituição. Em qualquer caso, DORADO admite que o juiz teria uma margem para adaptar o direito à realidade social e determinar se o legislador está dentro ou não do marco constitucional. Não obstante, a exemplo do legislador, o juiz também está sujeito à Constituição.

Observamos que, além das duas formas de interpretação consolidadas no final dos anos 1970 e início dos 1980, há, hoje, o debate de minimalismo defendida pelo *Justice* Scalia e sistematizada por Cass R. SUNSTEIN.[22] Foi dada, também, relevância para o pensamento legal de caráter progressivista. Essa nova linha corporifica-se, na verdade, no *American Legal Realism* dos anos 20. É importante destacar, ainda, uma "terceira via" (além do interpretativismo *versus* originalismo e não-interpretativismo *versus* não-originalismo) destacada por John Hart Ely. ACOSTA SÁNCHEZ faz, também, referência a uma certa preocupação na Teoria da Justiça de John RAWLS.[23] Matizando o Originalismo, Ely defende um *procedimentalismo*.[24] Outra parte central para essa visão norte-americana da idéia de um Direito Constitucional jurisdicionado é a concepção da Constituição como processo (*Living Constitution*),[25] contida, *v.g.*, no pensamento de S. Griffin.

---

22 SUNSTEIN, Cass R. *One Case at a Time: Judicial Minimalism on the Supreme Court*. Cambridge e Londres: Harvard University Press, 2001, 2ª ed..

23 RAWLS, John. *Uma Teoria da Justiça*. Trad. Almiro Pisetta e Lenita M. Esteves. São Paulo: Martins Fontes, 2000.

24 Vide HABERMAS e as nossas conclusões sobre a leitura da obra citada de PRIETO SANCHÍZ.

25 Ainda que em sentido principiológico, GUERRA FILHO, Willis Santiago apresenta uma *filosofia do direito processual* como intersecção entre a filosofia do direito e a filosofia política do Estado, relacionando direito processual e Constituição, no sentido de apresentar as relações jurídicas e os direitos constitucionais como relações *dinâmicas*, *vivas*, em constante *processo*. *Cf.*, especialmente, os capítulos 3 e 4 de *A Filosofia do Direito: Aplicada ao Direito Processual e à Teoria da Constituição*. São Paulo: Atlas, 2002, 2ª ed..

Ultrapassando esse horizonte teórico e prático norte-americano, voltamos nossa atenção para a Constituição francesa. Destaca-se, novamente, a tese do debate constitucional francês da *falta de uma lei suprema* (há um *império da lei*). Foi sublinhada, mais uma vez, a concepção de ACOSTA SÁNCHEZ, segundo a qual a contribuição francesa é *um constitucionalismo sem Constituição*. Outra passagem importante é a presença da Constituição de 1848, inexistindo nela uma especificidade e originalidade para o controle da Constitucionalidade. Há, ainda, pontuações a respeito das Leis Constitucionais de 1875.

1.3. O Legado Constitucional pós-1945 e o Exemplo da Especificidade do Projeto da Constituição Européia

Nossa atenção é voltada, neste item da obra, à análise do processo constitucional pós-1945. Assim, com o objetivo de oferecer um quadro geral desse contexto constitucional, pontuamos os fatores dominantes ou históricos para essa Constituição normativamente e jurisdicionalmente protegida, com destaque para a variável da estabilidade do ordenamento (princípio da Segurança Jurídica).

No tocante aos fatores determinantes para o desenvolvimento da Jurisdição Constitucional, apresenta-se importantíssimo o tema dos Direitos Humanos após a Segunda Guerra Mundial, merecendo uma reflexão de todos a respeito do Direito Internacional Constitucional e o Direito Internacional dos Direitos Humanos. Concluímos no sentido de que são os direitos fundamentais o núcleo da Constituição, de modo que sua proteção é a principal razão da existência do Estado.

Várias origens são atribuídas aos direitos fundamentais, seja a partir do direito natural[26] (por corresponderem a instâncias e valores éticos), seja a partir de instituições que, a cada momento histórico, tornam concretos certos valores considerados, naquele momento, fundamentais. Há quem considere fundamentais os direitos assim definidos a partir de seu reconhecimento pelo Estado.

Ao fim e ao cabo, é possível considerar que os direitos fundamentais são o fruto do desenvolvimento histórico de ponderações racionais acerca de valores,[27] particularmente havidas no Ocidente. Conforme a época e o grupo social, certos valores são considerados mais importantes que ou-

---

26 *"A teoria do estado de natureza leva em seu seio a afirmação que os direitos naturais nascem com os homens. Tais direitos, em que se expressa a autonomia da ordem social, se revelam imediatamente à razão e, em conseqüência, são anteriores e superiores ao Estado, que não precisam ser criados, mas simplesmente reconhecidos."* Cf. GARCÍA-PELAYO, Manuel. *Derecho Constitucional Comparado.* Salamanca: Alianza Editorial, 2000, p. 149.

27 Para o desenvolvimento deste trabalho, temos entendido por *valor* o que foi bem ensinado por Norberto BOBBIO e por Antonio-Enrique PÉREZ LUÑO, conforme as palavras deste último: *"...o fundamento dos valores deve ser buscado nas necessidades do homem'. Toda necessidade supõe carência: o homem tem necessidades enquanto carece de certos bens e sente a exigência de satisfazer essa carência. O que satisfaz a necessidade humana tem valor, o que a contradiz é um desvalor. Por isso, 'o valor é uma abstração mental realizada a partir de uma experiência humana concreta'. Por serem abstrações mentais, os valores são um produto do homem, que se configuram a partir do discurso racional intersubjetivo baseado nas necessidades humanas. O valor é uma projeção da consciência do homem feita sobre o mundo externo, representa um 'modo de preferência consciente' —em palavras de Heller—, que parte de determinadas condições sociais e históricas e que, portanto, tem um fundamento empírico e não metafísico."* Cf. PÉREZ LUÑO, Antonio-Enrique. *Derechos Humanos, Estado de Derecho e Constitución.* Madri: Tecnos, 2001, 7ª ed., pp. 181 e 182.

tros; novos valores são descobertos e superam os anteriores em importância, num processo dialético e dialógico natural dos processos históricos das relações sociais.

Nesse sentido, os valores passam a ser respeitados pelo grupo social na medida em que são considerados como fundamentos axiológicos importantes para a estruturação das relações sociais desse mesmo grupo social. A partir do respeito, surge o reconhecimento e a conseqüente legitimação dos atos praticados em consonância com os valores tidos como importantes. Os valores causam o desenvolvimento de princípios normativos da ordem social e, desse modo, passam a regular não só as atitudes dos indivíduos como também a convivência humana nas relações intersubjetivas (e, mais além, nas intersociais).

É com base em valores comuns que as pessoas podem chegar a consensos[28] quanto ao melhor modo de convivência para todos. Num plano abstrato, os valores considerados comuns são valores universais, metafísicos (porquanto ideais); num plano concreto (que é o plano da aplicação dos consensos e da fundamentação empírica dos valores), os

---

28   Importante ressaltar que os consensos, qualquer que seja seu objeto, embora busquem a universalidade, são essencialmente relativos (não-absolutos) e sempre suscetíveis a sofrerem modificações: "*A noção de fatos e verdades que fundamentam os acordos corresponde a dados que dizem respeito a uma realidade objetiva. A relação do indivíduo para com o fato, na argumentação, é de simples adesão do sujeito a algo que se impõe a todos. Daí a sua aproximação com o auditório universal. Neste sentido, o fato se assemelha à verdade, pois 'só estamos em presença de um fato, do ponto de vista argumentativo, se podemos postular a seu respeito um acordo universal não controverso'. No entanto, um simples questionamento, sempre possível, é suficiente para que o fato perca o seu estatuto, e para que aquele auditório, antes tido como universal, passe a particular.*" Cf. CAMARGO, Margarida Maria Lacombe. *Hermenêutica e Argumentação: uma Contribuição ao Estudo do Direito*. Rio de Janeiro: Renovar, 2001, p. 249.

valores comuns são aqueles que suprem as necessidades das pessoas daquele local e daquela época. Consensos, assim, podem decorrer tanto da *Razão Pura* (valores abstratos, a partir do *saber universal*) quanto da *Razão Prática* (a partir de valores concretos, a partir do *saber local*).

Desses consensos havidos com base nos valores fundamentais de uma dada Sociedade (que corresponderiam, por força de seu objeto, a contratos sociais e/ou a constituições políticas),[29] surge o reconhecimento dos direitos fundamentais, cuja titularidade pertence a cada indivíduo membro dessa mesma Sociedade.

---

[29] Peter HÄBERLE emprega a expressão *contrato social* no sentido de "*modelo ideal, de um princípio heurístico para a garantia da liberdade individual e da justiça pública*". Esse autor alemão considera que a correlação entre contrato social e constituição (extremamente feliz, por sinal) não tem sido muito feita pelos doutrinadores, provavelmente, pelo fato de a noção de contrato social ser antiga e a de Jurisdição Constitucional (objeto de estudo em referida obra), relativamente recente. Mas tal relação entre os conceitos é possível, e o conceito de contrato social poderia ser usado para explicar o porquê de certos valores e princípios deverem ser considerados fundamentais para o desenvolvimento das pessoas como tais e da sociedade como um todo. "*A teoria clássica do contrato social serviu, no curso da história e nos mais diversos contextos, como modelo de explicação e de justificação* (de Locke a Rousseau, de Kant às atuais discussões sobre consenso de base). *Por que tal teoria não devesse hoje ser ter sua força clarificadora posta a serviço para resolver este nosso problema, para afrontar as questões relativas às jurisdições constitucionais e ao desenvolvimento da constituição?*" Cf. La Verfassungsbeschwerde *nel Sistema della Giustizia Costituzionale Tedesca*. Trad. para o italiano de Antonio D'Atena. Milão: Giuffrè, 2000, pp. 18 e 19.

Sem dúvida, há de se concordar com Peter HÄBERLE. A este respeito, importante lembrar que John RAWLS foi o primeiro filósofo a propor a correlação entre contrato social (de modelo Kantiano) e constituição democrática, iniciando sua tese em *Uma Teoria da Justiça* e praticamente concluindo-a em O *Liberalismo Político*.

Em suma, pode-se afirmar que, a partir de uma estrutura de realidade baseada em sede de matriz social, em que imperam os valores democráticos de formação popular da vontade do Estado e da Sociedade, cada povo é responsável pela definição e reconhecimento dos direitos que entende por fundamentais.

Entendidos os valores como algo segundo os quais necessidades humanas são supridas, deixa de ser importante saber *o que são*[30] valores, e partir para a problemática relativa a *para que servem* os valores. *Mutatis mutandis*, não importa a origem, muito menos a definição universal do que sejam direitos fundamentais: vale buscar a função deles, saber para que eles servem e, mais importante ainda, pugnar para que efetivamente funcionem.

Não há que se falar em limites formais tampouco em definição unânime do conceito de direitos fundamentais, pois ele é mutável,[31] como mutável é a Sociedade. A noção originária de direitos fundamentais, como direitos inerentes às pessoas pelo fato de serem pessoas, visava à proteção destas contra ingerências provocadas pelo Estado absolutista (e também por terceiros) nos aspectos mais importantes

---

30 *Cf.* ensina Cristina QUEIROZ, "*A expressão 'direitos fundamentais' tem origem na Constituição alemã aprovada na Igreja de S. Paulo em Francoforte, em 1848. Aí, com efeito, nos termos do disposto no seu artiigo IV;§ 25, proceder-se-á ao estabelecimento de um catálogo dos 'direitos fundamentais do Povo alemão'* (Grundrechte des deutschen Volkes). *O qualificativo 'fundamentais' destinava-se a sublinhar o caráter de 'reconhecimento' e não da criação de direitos por parte do Estado. O caráter pré-estatal e de indisponibilidade dos direitos quedava assim estabelecido.*" *Cf.* QUEIROZ, Cristina M.M. (2002) *Direitos Fundamentais (Teoria Geral).* Coimbra: Coimbra, 2002, p.26.
31 *Cf.* BOBBIO, Norberto. *A Era dos Direitos.* Trad. Carlos Nelson Coutinho. Brasília: Campus, 1992, 8ª ed., pp. 26 e 27).

de sua personalidade.³² Dada a generalidade e abstração naturais de definições valorativas, necessariamente abertas, o conceito de direitos fundamentais sofre modificação em seus limites (tanto no conteúdo quanto na extensão) conforme as necessidades e valores de cada tempo e lugar.³³

O desenvolvimento das Liberdades Públicas no pensamento francês, dos Direitos Civis no pensamento anglo-saxão e dos Direitos Fundamentais no pensamento alemão formam três correntes que, longe de serem contraditórias entre si, interpenetram-se e se complementam no sentido de ampliar e consolidar o que se entende, hodiernamente, por direitos fundamentais.

Nesse sentido, não mudou — ao contrário, tem sido reafirmada — a consideração segundo a qual os direitos fundamentais são uma proteção a características da pessoa que, se violadas, causam danos à condição mesma de ser humano. Tais características são entendidas como fundamentais para que o homem possa atingir sua plenitude (pois, se racionais, os seres humanos têm mais coisas a fazer além de apenas sobreviver neste mundo), que podem ser compreendidas a partir da valorização da dignidade huma-

---

32 Cf. VIEIRA DE ANDRADE José Carlos. *Os Direitos Fundamentais na Constituição Portuguesa de 1976*. Coimbra: Almedina, 2001, 2ª ed., p. 49, em especial quanto às chamadas Liberdades Públicas.

33 BOBBIO, *apud* VIDAL GIL, refere-se com propriedade à ilusão do fundamento absoluto dos direitos humanos. *Cf.* VIDAL GIL, Ernesto J. "Los Derechos Humanos como Derechos Subjetivos." *In* BALLESTEROS, Jesús (org.). *Derechos Humanos*. Madri: Tecnos, 1992, p. 23. *Cf.*, ainda, QUEIROZ, Cristina, segundo a qual cada povo define seus próprios direitos fundamentais: *"Não é o Povo que vem definido pelos direitos fundamentais, mas os direitos fundamentais que vêm definidos pelo Povo."* (*Direitos Fundamentais...*, op. cit., p. 23).

na. Assim, os direitos fundamentais, considerados como o conjunto de valores caros ao grupo social, relativos à proteção da vida e da dignidade das pessoas, assumem grau máximo de importância social, determinando em função de si a construção das relações sociais e jurídicas.

O valor da dignidade da pessoa,[34] resgatado do direito natural, passou aos poucos a ser considerado princípio tanto de direito internacional quanto de direito interno nos mais diversos países.[35] Dessarte, nenhuma norma, nenhum ato jurídico deve ser editada ou praticado em afronta a esse valor, erigido à condição de princípio constitucional.

Em relação à Constituição européia, ao menos neste ponto, por se apresentar na forma a de um documento constitucional apontando para futuras consolidações institucionais, os Direitos Fundamentais revelam-se, na verdade, *in fieri*, *i.e.*, apresentam-se em constante construção e consolidação. Decorre, esse fato da própria atipicidade da União Européia, que ainda não consolidou uma definitiva natureza jurídica como ente político. Desse modo, no caso específico dos Direitos Fundamentais, resulta uma certa fragilidade institucional na sua proteção. Com esse exemplo, demonstramos como a futura Constituição européia desponta com algumas matizes diferenciadoras do denominado legado constitucional após a Segunda Guerra Mundial.

Outro aspecto de atenção foi a crítica de ACOSTA

---

34 "*A dignidade humana foi na história, e é na atualidade, o ponto de referência de todas as faculdades que se dirigem ao reconhecimento e afirmação da dimensão moral da pessoa. Sua importância na moderna teoria dos direitos humanos é inegável.*" *Cf.* PÉREZ LUÑO, op. cit., p. 49.

35 Inclusive no Brasil, que o positivou como princípio constitutivo do Estado. *Cf.* Constituição da República de 1988, art. 1º, inciso III.

SÁNCHEZ a respeito de Hans KELSEN.[36] Destaquem-se as críticas de Crisafulli e de Luhmann no sentido de a Jurisdição Constitucional kelseniana ser uma "Construção Inútil". Completamos o quadro com a referência ao federalismo com pontuação ao caso belga. Nele, há a projeção do Tribunal de Arbitragem como instrumento tanto para a consolidação do sistema federativo (Reforma Constitucional de 1993) e de uma idéia de Jurisdição Constitucional na Bélgica.

Aduzimos, por fim, que ACOSTA SÁNCHEZ se preocupa, ainda, com a presença constitucional francesa. O centro de discussão foi, nesse ponto, a concepção do *bloco constitucional*[37] (decisão de 16 de julho de 1971) para o aperfeiçoamento do Conselho Constitucional. Vale lembrar como, para ACOSTA SÁNCHEZ, a matriz francesa é importante para o debate constitucional contemporâneo, uma vez que se trata de um tipo de controle único em seu gênero que, em conjunto com o controle difuso dos EUA e do controle concentrado do Tribunal Austríaco, formam os três modelos originais de sistemas de controle de constitucionalidade de normas jurídicas.

Desenhado esse panorama amplo sobre o significado da teoria constitucional pós-1945 e projetando-a, comparati-

---

36 Sobre KELSEN, considerado o maior pensador do positivismo jurídico, *cf.* sua obra mais famosa, *Teoria Pura do Direito* (trad. João Baptista Machado. São Paulo: Martins Fontes, 1987, 2ª ed.), ou ainda *Teoria Geral do Direito e do Estado* (trad. Luís Carlos Borges. São Paulo: Martins Fontes; 1998).

37 A concepção de *bloco constitucional* firmada pelo Conselho Constitucional francês, ao alargar o âmbito de proteção dos Direitos Fundamentais, incorporando outros textos constitucionais franceses à Constituição de 1958, receberá uma nova ampliação para integrar a questão ambiental: trata-se de projeto de Lei Constitucional enviada à Assembléia Nacional, *cf.* informa o *Le Monde* de 25 de junho de 2003.

vamente, em relação ao projeto da Constituição européia, passamos a examinar a tensão existente nos modelos constitucionais do referido período.

1.4. Entre o Legislador e o Juiz

Tendo como fundamento, principalmente, ACOSTA SÁNCHEZ, secundado por DORADO, procedemos a leitura do artigo de PRIETO SANCHÍZ.

Em relação ao texto deste último,[38] sem dúvida nenhuma, ele está vinculado à diferenciação entre o positivismo e a legalidade, de um lado, e o ativismo judicial e a legitimidade, de outro. Fixa-se o autor num tratamento político da legalidade na sua vertente democrática. Isto é, na pontuação entre legislador e juiz. PRIETO SANCHÍZ perfaz uma análise a respeito de Jürgen HABERMAS na sua restrição sobre a *justiça constitucional*, que é apresentada e desenvolvida num sentido mais ordinário e procedimental. Após essa reflexão, PRIETO SANCHÍZ apresenta a teoria de Hans KELSEN com um histórico da experiência (frustrada) da República de Weimar, deixando claro que esse jurista não desconhecia o tema dos Direitos Fundamentais.[39]

Pontuamos como PRIETO SANCHÍZ demonstra as limitações do modelo kelseniano de Constituição (e de controle de constitucionalidade) e a superação da perspec-

---

38 PRIETO SANCHÍZ, Luiz. Tribunal Constitucional y Positivismo Jurídico, *in* Doxa nº 23. *Cuadernos de Filosofia del Derecho*. Alicante: Universidade de Alicante, 2003, pp. 161-195.

39 Esse percurso de PIETRO SANCHÍZ é relevante porque, naturalmente, completa o quadro do debate norte-americano visto por ACOSTA SÁNCHEZ, agora com referência aos impasses da Jurisdição (*"justiça"*) Constitucional alemã.

tiva *decimonônica*[40] de lei. Para tanto, PRIETO SANCHÍZ inspira-se na obra de Gustavo ZAGREBELSKY, que o remete para a discussão quanto à Constituição de princípios.[41] Nela, a jurisdição constitucional se efetiva como mediação e como limite dos direitos fundamentais. PRIETO SANCHÍZ acentua, ainda, as contribuições norte-americana e francesa na compreensão da lei e da Constituição.[42]

Foi discutido o aspecto discricionário do legislador quando na edição de leis, no sentido que a vontade do legislador não precisaria de justificação para ser convertida em lei. Concluímos, no entanto, ao contrário do entendimento positivista de KELSEN, que essa discricionariedade não é tão imotivada assim (Philip BOBBITT — *"cueing function"*).[43] E quanto ao juiz, essa discricionariedade teria lastro na argumentação racional. Os próximos itens considerados que iremos apresentar são a ponderação e proporcionalidade em PRIETO SANCHÍZ iluminadas pelos princípios gerais do Direito e, em especial, pelos Direitos Fundamentais.

Deu-se continuidade à leitura de PRIETO SANCHÍZ e foi observada a necessidade de superarmos as concepções de métodos de interpretação relacionados ao positivismo jurídico. Esse autor defende, por conseqüência, a prepon-

---

40 *I.e.*, relativa ao século XIX (*décimo nono*) bem como aos temas daquela época, conforme a ele se referem os escritores espanhóis.

41 *Cf.* ZAGREBELSKY, Gustavo. *El Derecho Ductil: Ley, Derechos, Justicia.* Trad. para o espanhol de Mariana Gascón. Madri: Editorial Trotta, 1995.

42 O que permite um excelente paralelismo com as pontuações de ACOSTA SÁNCHEZ.

43 *Cf.* BOBBITT, Philip. *Constitutional Fate: Theory of the Constitution.* Oxford: Oxford University Press, 1982.

derância de uma razoabilidade via proporcionalidade e ponderação de interesses. O autor segue, rigorosamente, o debate de proporcionalidade sustentado por Robert ALEXY. Ressaltamos, com base na leitura daquele artigo, que não podemos ter mais as diferenças tradicionais e segmentadas entre Justiça ordinária e a Jurisdição Constitucional. Deve-se reforçar que o critério de distinção não seria, propriamente, de matéria constitucional, mas, isto sim, de *sentido* de justiça. Foi apontada como importante, também, para a construção da Constituição material, a idéia *da consciência do povo*. Lemos em Cristina QUEIROZ, na sua obra sobre constitucionalismo e interpretação judicial, que esse é um dos critérios existentes para aferir valores ou princípios dentro do sistema aberto das Constituições.

1.5. O Sentido da Norma

Quanto a CASTANHEIRA NEVES, deve ser pontuado, conforme seu artigo citado, que as leis, hoje, *não são mais do que prescrições de certas forças políticas*.[44] O jurista português comenta qual deveria ser o papel da lei, se num sentido mais normativo (jurídico) se num sentido mais político. Assim, esse autor apresenta três modelos de classificação do sistema jurídico conforme o sentido a ser dado às leis, que denominou de *normativismo legalista*, de *funcionalismo jurídico* e de *jurisprudencialismo*.

No primeiro modelo, encontramos a força da legalidade, segundo a qual "o direito seria a lei, unicamente a lei".[45] Depois examinamos o *funcionalismo* e a sua vinculação

---

44 CASTANHEIRA NEVES, A. *Op. cit.*, p. 13.
45 *Ibid.*, p. 16.

com o Estado de Bem-Estar Social. Em relação ao modelo anterior, a lei perde sua força plena, passando a estar à disposição de qualquer política prescritiva. O *jurisprudencialismo*, síntese dos modelos anteriores, é entendido como o modelo do homem concreto. O autor estudado faz um histórico de cada um dos modelos, relacionando-os com os argumentos filosóficos e interesses políticos de cada tempo. Por exemplo, o *normativismo legalista* estaria vinculado a um jusracionalismo e ao liberalismo econômico; o *funcionalismo* sofreu as criticas do movimento direito livre, da jurisprudência do interesse e da jurisprudência sociológica.

Não obstante CASTANHEIRA NEVES ter devotado uma atenção toda especial para o *funcionalismo sistêmico*, acrescentaremos, ainda, alguns comentários a respeito do jurisprudencialismo (modelo que representa a síntese do pensamento daquele autor) que trata o direito a partir de uma perspectiva homem-pessoa e está diretamente a serviço de uma pessoa qualificada e historicamente concreta. Esse modelo se consubstancia na prática dinamizada pelos conflitos também concretos, cuja "intencionalidade capital é a realização nessa prática e através dela".[46] Ao estudarmos esse autor, e visando nos aproximar de nosso ponto de interesse, a Jurisdição constitucional, nos recordamos vivamente de PRIETO SANCHÍZ quando cita ZAGREBELSKY, ressaltando que:

> já não se pode pensar na Constituição como centro do qual tudo derivava por irradiação através da soberania do Estado no qual se apoiava, e, sim, como centro para

---

46 *Ibid*, p.18.

o qual tudo deve convergir; (...). A 'política constitucional' mediante a qual se consegue esse centro não é a execução da Constituição, e, sim, a realização da mesma em um dos cambiantes equilíbrios nos quais pode se tornar efetiva.[47]

Consideramos que os três modelos de classificação desse jurista demonstram uma evolução do Estado Liberal (a partir do normativismo legalista), com ênfase para as funções do Poder Legislativo, para o Estado Social (funcionalismo), com predominância das funções Administrativas e sua capacidade de promover políticas de interesse primordial da coletividade e, do Estado Social, para um Estado Democrático de Direito (jurisprudencialismo), próprio de uma Sociedade pluralista, aberta aos mais diferentes valores, interessada principalmente na proteção e defesa de direitos que se consideram fundamentais para o desenvolvimento individual dos membros dessa sociedade. Nesta sociedade complexa, em que há tantos valores legítimos em conflito, as funções do Poder Judiciário atingem seu ápice, pois é a partir do ativisimo dos juízes que os direitos são reconhecidos dentro da consciência jurídica dessa sociedade e a Constituição *material* vai sendo escrita.

Dentro dessa nossa análise de jurisdição constitucional, fica a marca da contribuição de CASTANHEIRA NEVES no sentido de repensar a teoria do direito por meio de uma produção jurisdicional.

---

[47] *Op. cit.* p.188.

1.6. A Moralidade e o Direito

A atenção de ALEXY centraliza-se, neste artigo,[48] nas fundamentações das decisões judiciais que envolveram o *caso dos sentinelas de fronteira* e a discussão quanto a se saber se os atos praticados conforme o direito positivo de uma época poderiam ser condenados posteriormente, por conta da injustiça de suas disposições normativas.

A título de síntese do artigo de ALEXY, esse jurista alemão analisa a importância do critério de ponderação no nível do Tribunal Territorial (há um conflito entre um bem e um determinado direito); da *fórmula de Radbruch*, prevalente no Tribunal Superior de Justiça, e, por fim, no Tribunal Constitucional Alemão, examina o artigo 103 da Lei Fundamental alemã como base da discussão quanto a saber se haveria limite ou não ao princípio da irretroatividade. Cabe destacar que a Teoria Constitucional abre especial espaço para um exame de quais são os limites para os Direitos Fundamentais.

Notadamente, ALEXY discorre sobre a *fórmula de Radbruch* a respeito do direito injusto.[49] ALEXY observa

---

48 ALEXY, Robert. Derecho Justo, Retroactividad y Principio de Legalidad Penal. Trad. A. Daniel Oliver-Lalano. *In Doxa* n° 23. Cuadernos de Filosofia del Derecho. Alicante: Universidad de Alicante, 2000, pp. 197-230.

49 *"A Fórmula introduz unicamente um limite excepcional no (conceito de) direito. Segundo ela, o direito positivo só perde sua validade (Geltung) quando, como disse Radbruch, a contradição da lei positiva com a justiça alcança u'a medida de tal modo insuportável, que a lei, então um 'direito injusto' ('unrichtiges Recht'), há de ceder ante a justiça. Tal é o caso quando se transpassa o umbral do direito extremamente injusto. Podemos portanto dar à fórmula de Radbruch esta redação abreviada:* O direito extremamente injusto não é direito." *Op. cit.*, p. 205.

que a *fórmula de Radbruch* não faz desaparecer o aspecto positivado diante da moral. Indagamos, assim, qual seria o critério de fato para saber se uma lei contém excessivo caráter injusto. De nossa parte, procuramos enquadrar os argumentos de ALEXY nas concepções alcançadas a partir de ACOSTA SÁNCHEZ, PRIETO SANCHÍZ e CASTANHEIRA NEVES. Houve certo consenso, entre os membros deste grupo de pesquisa, ao vermos a posição de ALEXY próxima ao *jurisprudencialismo* de CASTANHEIRA NEVES.

Conforme nosso entendimento, o autor alemão, por esse artigo citado, busca o entendimento da construção do pensamento dos tribunais alemães quando das condenações dos soldados e de seus comandantes, como autores imediatos e mediatos das mortes de fugitivos da República Democrática Alemã (RDA; fundada em 1949, alinhada à então União Soviética e reunificada à República Federal da Alemanha em 1990, reunificação esta oriunda da salvação da democracia por meio de uma *"aliança temporária e bizarra entre capitalismo liberal e comunismo"*[50] que levou à vitória sobre a Alemanha nazista.)[51]

O caso dos sentinelas da fronteira pode ser assim descrito: trata-se do julgamento das ações dos soldados que, na noite de 14 de fevereiro de 1972, resultaram na morte de um homem que tentava atravessar a nado a fronteira do rio

---

50 HOBSBAWM, Eric, *A Era dos Extremos: O Breve Século XX: 1941-1991*. Trad. Marcos Santarrita. São Paulo: Cia. das Letras, 1995, p.17.

51 STACKELBERG, Rodcrick. *A Alemanha de Hitler*. Trad. A. B. Pinheiros. Rio de Janeiro: Imago, 2002, p.363. Em nota explicativa, o autor informa que "o termo 'nazi', ou nazista, é formado pelas duas primeiras sílabas de nacional-socialista, conforme pronúncia em alemão", tendo sido usado inicialmente, de forma depreciativa, pelos oponentes do nacional-socialismo.

Spree. Tais sentinelas agiram no estrito cumprimento de seu dever, conforme determinava o regulamento de serviço nº 30/10, datado de 1967, do Ministério para a Defesa Nacional da RDA. Foram, inclusive, objeto de distinção por méritos e premiação em dinheiro. Porém, vinte anos depois das ações dos soldados, em novembro de 1992, dois anos após a reunificação da Alemanha, o Supremo Tribunal Federal confirmou a punibilidade dos soldados conforme decisão do Tribunal Territorial de Berlim, este que interpretou a Lei de Fronteiras da RDA (*DDR-GrenzG*), a qual entrou em vigor em 25 de março de 1982, de acordo com os *princípios do Estado de Direito*, vinculando sua decisão ao princípio da proporcionalidade.

A ação dos soldados, na interpretação do Tribunal Territorial de Berlim (TTB), constituiu homicídio doloso cometido em co-autoria, tanto de acordo com o direito penal da República Federal Alemã (RFA), quanto da RDA. Mas, à época, a Lei sobre as funções e competências da polícia popular alemã (*VoPoG*), de 11 de junho de 1968, estabelecia que os membros do exército popular estavam autorizados a "executar as competências reguladas nesta lei em cumprimento das funções militares de vigilância, ordem e segurança conforme as instruções do Ministro para a Defesa Nacional", podendo abrir fogo para evitar o iminente cometimento ou a continuação de um fato punível o qual, em função das circunstâncias, poderia constituir um delito. O cruzamento ilegal da fronteira tratava-se de um delito contra a ordem pública, ou seja, a fuga da República, rubrica qualificada no Código Penal da RDA (*DDR-StGB*).

A Constituição da RDA, de 6 de abril de 1968, reconhecia o direito à vida e à integridade corporal, e muitos direitos humanos eram reconhecidos por parte da Alemanha Oriental. O Tribunal Territorial entendeu que não havia nenhuma causa de justificação que estivesse à disposição dos soldados da RDA, uma vez que haviam cometido um fato punível, inclusive segundo o direito então vigente na RDA. A conclusão do Tribunal foi de que a ação foi antijurídica, tanto sob a ótica do direito da RFA, quanto conforme ao da RDA.

O Tribunal Supremo Federal (TSF), em sua sentença de 26 de julho de 1994, confirmou a sentença, mas com fundamentação diferente, uma vez que houve uma retroatividade encoberta que, na visão de ALEXY, é mais grave que a aberta. O Tribunal Territorial entendeu que a ação estava em si justificada segundo aquele direito vigente na RDA, posicionamento rechaçado pelo TSF. No entendimento deste último, em sede de recurso, os disparos justificavam-se com base no § 17.2.a *VoPoG* e no Regulamento de serviço 30/10, tanto em seu teor literal como segundo a "prática estatal da RDA ao tempo dos fatos", tanto assim que integravam o direito positivo então vigente. Assim, o guarda de fronteira só poderia ser apenado, em primeiro lugar, se houvesse algo que neutralizasse a justificação outorgada pelo direito positivo então vigente na RDA e, em segundo lugar, se esta eliminação transgredisse o princípio da irretroatividade.

A eliminação da justificação pode ser eliminada por um direito suprapositivo. Para tanto, o TSF recorreu à fórmula de Radbruch,[52] a qual estabelece que o direito vem determinado não só pela positividade válida, formalmente esta-

---

52 *Cf.* BONAVIDES, Paulo. *Teoria Constitucional da Democracia Participativa*. São Paulo: Malheiros, 2001, p. 207. O jurista afirma que, nas décadas de 1940 e 1950, *"pelo menos na Alemanha, onde a Filosofia do Direito sempre travou suas batalhas mais renhidas, houve uma ressurreição jusnaturalista"*, oriunda das tragédias da Segunda Guerra Mundial, que deixou os juristas perplexos e motivados a rever valores inerentes à ordem jurídica legítima, destacando que a cátedra positivista de Gustav Radbruch foi convertida ao direito natural nesta ocasião.

belecida e socialmente eficaz, como também por seu conteúdo (de justiça material). O direito positivo perderia sua validade quando a contradição da lei positiva com a justiça alcançasse uma medida insuportável.

Quanto aos membros do Conselho Nacional de Defesa da RDA, num total de sete homicídios, o TTB condenou-os por autoria e participação e, em sede de recurso, o TSF considerou todos autores mediatos. No centro das decisões do TSF encontra-se a proibição da retroatividade do art. 103.2 da Lei Fundamental.

O guarda de fronteira, então, resolveu questionar sobre a lesão do princípio da culpabilidade,[53] uma vez que a violação da norma penal não tinha sido evidente para ele.

A questão central do texto é a fundamentação da sentença do Tribunal Constitucional Federal da Alemanha, o qual não é uma instância superior de revisão, limitando-se à observação de possível inobservância ou vulneração (*Nichtbeachtung*) dos direitos fundamentais, não tendo que comprovar se o Tribunal Penal interpretou ou aplicou adequadamente as disposições da RDA. O Tribunal Constitucional

---

53 ROXIN, Claus. *Funcionalismo e Imputação Objetiva no Direito Penal*. Trad. e Introdução Luís Greco. Rio de Janeiro: Renovar, 2002, pp. 191-192. O jurista afirma que a declaração da responsabilidade do autor é necessária para que haja efetivamente um crime. Esta, aliada à tipicidade e à antijuridicidade, forma, em conjunto com a ação, um comportamento punível. A culpabilidade tem por pressuposto a imputabilidade e a inexistência de causas de exculpação, exemplificada pelo autor com o erro de proibição inevitável ou o estado de necessidade exculpante. Aponta, ainda, que a diferença entre ausência de antijuridicidade e ausência de culpabilidade, entre justificação e exculpação, situa-se no fato de que o *"comportamento justificado é reconhecido pelo legislador, devendo ser suportado por todos, enquanto o comportamento exculpável não é aprovado e, em decorrência disso, está proibido. Ele não é punido, mas não precisa, em regra, ser tolerado por aquele que seja vítima de um comportamento antijurídico"* (grifos nossos).

entendeu que a proibição constitucional quanto à retroatividade é absoluta. Porém, considerando as circunstâncias, o Tribunal entendeu que a punibilidade deveria ser julgada, uma vez que o Estado "não respeita nem a democracia nem a divisão de poderes nem os direitos fundamentais", considerando que "proteção estrita da confiança mediante o 103.2 da Lei Fundamental não deve ser aplicada", entendendo que a vedação refere-se, em primeiro lugar, ao desrespeito à democracia, à divisão de poderes e aos direitos fundamentais e, apenas então, em segundo lugar, quando, sob estas circunstâncias, se prevejam causas de justificação que amparem direito extremamente injusto.

ALEXY questiona quanto à contradição exposta pelo Tribunal e questiona: "como pode algo ser absoluto, mas limitado, regular estritamente e, em troca, estar em conflito com outros mandamentos 'irrenunciáveis'; estar dotado de caráter absoluto e estrito e, todavia, ter de se renunciar a ele ou ter de não aplicá-lo?"

O resultado da decisão do Tribunal Constitucional, no entendimento de ALEXY, salvo a solução encontrada para o problema da culpabilidade, foi correto. Porém, o pensador alemão aponta que a solução constitui um exemplo clássico de que um resultado, por mais correto que possa ser, não basta. O que importa é a fundamentação da decisão. Nessas circunstâncias, há de se refletir sobre "*a razão prática em ação no direito moderno e, particularmente, no direito político*",[54] apontado por HABERMAS como "razão instrumental" que, no entendimento deste filósofo alemão, toma conta dos sistemas do Estado liberal ou do Estado-Providência.[55]

---

54 GOYARD-FABRE, Simone. *O Que é Democracia?* Trad. Cláudia Berliner. São Paulo: Martins Fontes, 2003, p. 317.
55 *Op. loc. cit.*

Avançando em suas considerações sobre "*O paradigma 'comunicacional' da democracia segundo J. Habermas*",[56] GOYARD-FABRE aponta a prefiguração do pensador alemão quanto à "*tirania da administração e o 'governo dos juízes'*", alertando que o pensador tem o exato entendimento de que tais afirmações já foram muitas vezes feitas desde Alexis de Tocqueville e Max Weber. Porém, a filósofa da Universidade de Paris II afirma que HABERMAS vê, de forma muito lúcida, a insinuação de "*um delírio de justiça social em que se imiscuem de maneira muitas vezes passional e, em todo caso, ideológica, as exigências democráticas e a defesa dos direitos do homem*".[57]

A autora afirma que o princípio da separação dos poderes está ameaçado, de que a lei parlamentar perde força com as constantes alterações legislativas e, que a jurisprudência vai de encontro à lei, sendo certo que "a juridicidade do direito é adulterada por uma mistura insólita dos parâmetros e dos gêneros".

Ao tratar da compreensão contemporânea de democracia, HABERMAS afirma que esta se distingue da clássica por se relacionar com um tipo de direito que tem como características principais ser positivo, cogente e estruturado individualisticamente, com normas produzidas pelo legislador, sancionadas pelo Estado, objetivando a garantia de liberdades subjetivas. A "*idéia de uma 'dominação das leis' (rule of law), que se concretiza historicamente na idéia dos direitos humanos e da soberania popular, passa a se vista como uma segunda fonte de legitimação*", sendo a primeira, na visão do pensador, segundo uma "*interpretação liberal,*

---

56 *Op. cit.*, pp.317-339.
57 *Op. cit.*, p.318.

a autodeterminação democrática dos cidadãos",[58] que se realiza por um *medium* desse direito, responsável pela garantia estrutural das liberdades.

Na evolução do pensamento, HABERMAS afirma que, em sistemas políticos como o da República Federal da Alemanha e dos EUA, *"que prevêem uma instituição independente para examinar a constitucionalidade das leis emitidas pelo Congresso"*, há a profusão de *"debates sobre a relação entre democracia e Estado de direito e sobre a posição do Tribunal Constitucional"*, apontando a *"grande influência política"* deste.[59]

Ao tratar da legitimidade do direito, Luís Fernando COELHO[60] a define como sendo sua qualidade ética. Em suas palavras, é o *"imperativo ético que impõe a todo ordenamento jurídico que seja legítimo"*. Esse autor estabelece que *"no que concerne ao problema da legitimidade, ocorre uma evidente implicação da teoria dos sistemas para a teoria do direito"*, apontado o *funcionalismo* como o marco inicial da nova forma de compreender a sociedade conforme o atual pensamento sociológico, surgido da tentativa de se usar em análise social as noções desenvolvidas na esfera dos estudos biológicos, estes que introduziram conceitos como os de finalidade, de propósitos e, principalmente, de função, esta que passou a ser utilizada nas ciências humanas, *"invadindo a sociologia jurídica e a própria jurisprudência"*. Na visão contemporânea dos cientistas sociais, em que o pensador destaca os antropólogos, há maior concentração de atenções nas *"conseqüências de um fato social*

58　HABERMAS, Jürgen. *Era das Transições*. Trad. e introduçao Flávio Siebeneichler. Rio de Janeiro: Tempo Brasileiro, 2003, p 153.
59　*Op. cit.*, pp.156/157.
60　COELHO, Luís Fernando. *Teoria Crítica do Direito*. Belo Horizonte: Del Rey, 2003, pp. 503-560.

particular para a estrutura mais ampla no qual ele está inserido", divergindo da sociologia positivista, que afirmava serem as causas — e não as conseqüências — o centro da atenção.

As posições conflitantes apontadas ao longo da discussão em que o questionamento sobre valores, legitimidade, consciência jurídica, segurança jurídica, influência política das decisões judiciais, separação de poderes, funcionalismo, e tantas outras questões que geram insegurança, revelam o confronto dos direitos individuais e daqueles sociais. Afinal, que valores devem ser considerados para que haja possibilidades dentro desta nossa *"sociedade de risco"*?[61] Caberia ao Judiciário "legislar" por meio da jurisprudência, rompendo fundamentos inerentes ao Estado de Direito e à segurança jurídica em nome da Democracia e da segurança social?

Por derradeiro, houve uma intensa discussão a respeito dessa parte conclusiva do texto. Apontou-se para o fato de que ALEXY reconhece a existência de dois princípios em constante interação, a saber: o da segurança jurídica e o da justiça material. A irretroatividade como regra no artigo 103.2 da Lei Fundamental de 1949 decorreria do princípio da segurança jurídica, uma das bases do Estado de Direito. A negação dessa regra só dar-se-ia pela exceção advinda do princípio da justiça material, que tem por parâmetros o Estado Democrático de Direito, *i.e.*, a democracia pluralista.

Constatamos, assim, o rigor e a coerência do texto de ALEXY. Não se aborda, como ocorre naturalmente na prática judicial norte-americana, a decisão de cada um dos

---

61 *Cf.* BECK, Ulrich. *La Sociedad del Riesgo: Hacia una Nueva Modernidad*. Trad. para o espanhol de Jorge Navarro *et alii*. Barcelona: Paidós, 1998.

integrantes do Tribunal Constitucional; ao contrário, analisa-se a decisão em acórdão. Há uma certa homogeneidade no caso dos sentinelas. Nos EUA, estaríamos examinando cada voto dos *justices*. De nossa parte, cumpre destacar uma percepção segundo a qual ALEXY quer impor o seu modelo ao afirmar para o Tribunal Constitucional Federal Alemão como ele deveria atuar.

1.7. Aspectos Finais

O impasse vivenciado pela Jurisdição Constitucional destacado por este grupo de pesquisa nas leituras realizadas, tendo como espaço de análise as categorias de Legislador e Juiz, só será mais bem encaminhado se considerarmos a concepção de *consciência jurídica*. Concepção esta que é ventilada, aliás, pelo próprio PRIETO SANCHÍZ, quando, escorado em LLORENTE, menciona que parece evidente que "não é na Constituição, mas sim fora dela, onde o juiz buscará o critério com o qual julgar sobre a licitude ou ilicitude das diferenças estabelecidas pelo legislador" e esse lugar seria tão evanescente quanto a consciência jurídica da comunidade.[62] A consciência jurídica é construída com base em dois fundamentos, a saber: um de caráter ético, e o outro de sentido de legitimidade e legalidade.

Quanto ao caráter ético, percebemos uma trajetória da consciência jurídica que perpassa desde uma preocupação organicista (Otto Gierke) até uma dicotomia entre uma *consciência nacional*[63] e uma de *caráter universal*.[64]

---

62 *Op. cit.*, p. 179.
63 Fabio COMPARATO nos ensina que "*a doutrina jurídica alemã contemporânea distingue, nitidamente, os direitos humanos dos direitos fundamentais. Os últimos são os que estão consagrados na Constitui-*

Além desses pontos, há de se considerar o fato de que a consciência jurídica pode estar, também, vinculada à noção de auditório (Chaïm PERELMAN),[65] *i.e.*, à noção de consenso de um modo pluralista. Considerando a Sociedade como um auditório, é para este que os mais variados discursos são apresentados, visando à busca de consenso e apoio do conjunto da Sociedade: quanto mais universal e abrangente for o discurso, maior será o auditório e maior será a chance de grupos dentro da Sociedade pluralista aceitarem os argumentos apresentados.

Considerando o sentido de legitimidade e legalidade, é

ção, representam as bases éticas do sistema jurídico nacional, ainda que não possam ser reconhecidos pela consciência jurídica universal, como exigências indispensáveis de preservação da dignidade humana". *Cf.* COMPARATO, Fabio Konder. *A Constituição Mexicana de 1917*, disponível em http://www.dhnet.org.br/educar/redeedh/ ant-hist/mex1917.htm, acesso em 20.jun.2003.

64 "*A própria dinâmica da vida internacional cuidou de desautorizar o entendimento tradicional de que as relações internacionais se regiam por regras derivadas inteiramente da livre vontade dos próprios Estados. O positivismo voluntarista se mostrou incapaz de explicar o processo de formação das normas do direito internacional geral e se tornou evidente que só se poderia encontrar uma resposta ao problema dos fundamentos e da validade desse último na consciência jurídica universal, a partir da asserção da idéia de uma justiça coletiva*". *Cf. Discurso do Prof.* TRINDADE, *Antonio Augusto Cançado, paraninfo dos formandos da Turma Ítalo Zappa, do Instituto Rio Branco*, disponível em http://mre.gov.br/irbr/cursos/palestra/ discurso%20paraninfo%20prof. html, acesso em 20.jul.2003

65 PERELMAN, Chaïm e OLBRECHTS-TYTECA, Lucie. *Tratado da Argumentação: A Nova Retórica*. Trad. Maria Ermantina Galvão G. Ferreira. São Paulo: Martins Fontes, 2000, pp. 35 e ss: "...*cada cultura, cada indivíduo tem sua própria concepção do auditório universal, e o estudo dessas variações seria muito instrutivo, pois nos faria conhecer o que os homens consideraram, no decorrer da história*, real, verdadeiro e objetivamente válido" (p. 37).

importante apontar a contribuição de Georges VEDEL, pela qual é possível ver na legitimidade a base da consciência jurídica de um povo. Para esse pensador francês, a partir de uma compreensão sociológica, *"chama-se princípio da legitimidade o fundamento do poder numa determinada sociedade, a regra em virtude da qual se julga que um poder deve ou não ser obedecido."*[66]

Dentro desse quadro de questionamento das bases da consciência jurídica de um sentido ético, perpassado por

---

66 *Introduction aux Études Politiques*, Fascículo I, p. 28, *apud* BONAVIDES, Paulo. *Ciência Política*. São Paulo: Malheiros, 1998, 10ª ed., p.116. A densificação a respeito da consciência jurídica possibilitou-nos perceber como os autores ora estudados, notadamente ACOSTA SÁNCHEZ, PRIETO SANCHÍZ, CASTANHEIRA NEVES e, por fim, ALEXY, visualizam essa categoria e como ela reflete, naturalmente, a respeito das categorias legislador e juiz. Estabelecemos, assim, articulações entre esses quatro estudiosos: ACOSTA SÁNCHEZ: seu ponto de vista é o próprio do pensamento continental (latino-germânico), partindo da consciência ética e, a partir daí, valora os componentes sociais. Utiliza-se de abordagem histórica (num sentido ético-filosófico) para desenvolver os casos práticos como que por decorrência conseqüencial das causas apontadas em nível teórico. Não obstante, não reduz o caso prático a mero silogismo das teorias previamente desenvolvidas; PRIETO SANCHÍZ: sempre a partir do caso prático, com pragmatismo próprio dos estudos de *Common Law* anglo-saxônicos, sai do real (materialidade concreta) para articular as questões éticas (em nível teórico-abstrato); CASTANHEIRA NEVES: busca o sentido do ordenamento jurídico, não se preocupando com sua estrutura (haja vista que o sentido transformaria a estrutura). Assim, o ordenamento jurídico é apresentado como instrumento a serviço das razões mais influentes dentro da Sociedade pluralista. Sua abordagem o deixa mais próximo a ACOSTA SÁNCHEZ; ALEXY —a exemplo de PRIETO SANCHÍZ—, busca atingir a consciência jurídica e o plano teórico a partir do estudo de casos práticos. É a partir dos valores envolvidos na discussão do caso concreto que os valores sociais (tanto no sentido ético quanto no de legitimidade) são descobertos, reconhecidos e declarados.

perspectivas pragmáticas com um compromisso instrumental, analisaremos o Projeto da Constituição Européia, tendo como base as fundamentações teóricas de sua construção político-institucional.

CAPÍTULO 2

A CONSTITUIÇÃO EUROPÉIA: UM NOVO LEGADO CONSTITUCIONAL?

2.1. Introdução; 2.2. Reflexões sobre a Construção da União Européia e sua Constituição; 2.3. Desenhando alguns limites.

2.1. Introdução

Não seria demais destacarmos que o atual processo de unificação europeu ocorre tendo como inspiração natural a trajetória de mais de 200 anos de teorização constitucional européia, mas também norte-americana. Os Estados Unidos da América surgiram juntamente com a mitigação de soberania dos estados federados em prol de um objetivo comum, qual seja, o surgimento de um Estado federal que fosse forte.[67]

---

67 O capítulo 1, como vimos, foi marcado, entre outras variáveis pela Teoria Constitucional norte americana. Há uma conseqüência lógica que, neste capítulo, retratemos esse quadro teórico. É importante lembrar que o atual constitucionalismo na Europa resgata, na verdade, categorias e concepções do constitucionalismo norte-americano do final

Mais de 200 anos após o aparecimento da primeira Constituição escrita da História, surge, com muitas inovações, o projeto de uma Constituição para a Europa em 2003. Nos Estados Unidos dos anos de 1770 a 1780, a Constituição e o processo constitucional tiveram sua origem a partir de dois tipos de conflitos históricos: um entre as colônias e a metrópole, e outro que se deu no interior das colônias. O primeiro decorreu da política britânica vigente à época que, ao retirar seu apoio às classes dominantes nas colônias foi um foco de movimento de então, gerando a manifestação vigorosa das forças democráticas latentes, ou seja, deu causa a uma verdadeira revolução; o segundo conflito entre grupos sociais norte-americanos que buscavam assumir o controle de cada uma das treze colônias.[68]

O primeiro constitucionalismo foi mais resultado do segundo tipo de conflito, não obstante aquele primeiro tipo tenha sido também necessário para a eclosão das disputas no interior das colônias. Foi, assim, uma expressão da redistribuição interna de poderes que ali se desencadeou. Mereceu, dessa maneira, um projeto institucional de caráter genuíno tão bem qualificado pelo pensamento de Robert DAHL.[69] Tal caráter se revela, nesse sentido, por uma série de mecanismos contra majoritários para controlar as denominadas facções antevistas no texto n° 10 da obra *O Federalista*.[70]

---

do século XVIII. É o caso, por exemplo, da categoria "convenção". Não podemos esquecer do artigo do *Le Monde* de 14 de novembro de 2003, *Les Federalistes*, de autoria, entre outros, do próprio Presidente da Convenção Européia, Valery Giscard d'Estaing.

68 GARGARELLA, Roberto. *Crisis de la Representación Política.* México: Distribuidores Fontana, 1997, pp. 13-24.

69 DAHL, Robert. *How Democratic is the American Constitution?* New Haven: Yale University Press, 2002.

70 MADISON, James. O autor define facção como: "... grupo de

Quatro foram os Estados membros que serviram de paradigma na formação desse primeiro constitucionalismo: a Virginia e sua Constituição-estatuto; a Pensilvânia com o primeiro modelo de Constituição democrática e o primeiro órgão de revisão judicial das leis Nova York, que inaugurou a separação real de poderes; e Massachusetts que consolidou a linha estabelecida por Nova York: Poder Executivo autônomo e um Poder Judiciário que trouxe em seu processo a novidade mais transcendental: o poder constituinte. Esses exemplos de contribuições constitucionais de parte das treze ex-colônias inglesas integrarão, na forma institucional e prática (*Judicial Review of Legislation*), o denominado constitucionalismo norte-americano.

Consolidando o citado modelo e entendendo-o especialmente em sua concepção jurídica, vinculada à idéia do Estado Liberal e ao racionalismo, muito diversas são as categorias que se nos apresentam no decorrer do processo de elaboração da Constituição que, em sendo aprovada, virá reger as relações político-jurídicas da União Européia. Desta forma, acreditamos estarmos diante de um novo contexto histórico.

Vencer os desafios de uma sociedade pluralista, com os olhos voltados à causa da *sociedade de risco*[71] e o fortaleci-

---

cidadãos, representantes quer a maioria, quer a minoria do conjunto, unido e agindo sob impulso comum de sentimentos ou de interesses contrários aos direitos dos outros cidadãos ou aos interesses permanentes e coletivos da comunidade." O Federalista nº 10. *In* HAMILTON, Alexander, JAY, John, MADISON, James. *O Federalista*. Trad. Ricardo Rodrigues Gama. Campinas: Russell Editores, 2003. p. 78.

71 Ulrich BECK traça o seguinte panorama do século XX e nos informa que hoje vivemos uma sociedade de risco: "Na verdade, o século XX não tem sido desprovido de catástrofes históricas: duas guerras mundiais, Auschwitz, Nagazaki, depois Harrisburg e Bophal, depois Chernobil ... Até agora, todo o sofrimento, toda a miséria, toda a vio-

mento do regime democrático, sem perder de vista o respeito ao patrimônio histórico-cultural dos diferentes segmentos sociais, parece ter sido o dilema que resultou no projeto de uma Constituição européia.

O decorrer da *vacatio constitutionis*, já que a sua votação por sistema de referendo estava, inicialmente, prevista para 2004, com entrada em vigor dois anos depois, ou seja, 2006, faz ressurgir o interesse por antigas e novas categorias, como o reconhecimento e a proteção dos direitos humanos, a dicotomia (ou separação) entre direitos humanos e democracia, a relativização da soberania dos países europeus (soberania compartilhada) e a conseqüente integração em um modelo comum, as novas competências para questões referentes a direito de veto dos Estados em matéria de política estrangeira, para defesa e fiscalização de fronteiras, e o delineamento de uma nova identidade européia.

A afirmação de princípios oriundos do humanismo, contidos, como veremos, no preâmbulo da Constituição européia, reforçando valores como o bem-estar do povo, solidariedade e paz, com vistas ao pleno emprego e ao progresso social, numa Europa estruturada sobre uma econo-

---

lência que uns seres humanos causaram a outros se resumia sob a categoria de os 'outros': os judeus, os negros, as mulheres, os refugiados políticos, os dissidentes, os comunistas etc... Chegou 'o final dos outros', o final de nossas possibilidades de distanciamento, tão sofisticadas; um final que se tornou palpável com a contaminação atômica... Aqui reside a novel força cultural e política desta era. Seu poder é o poder do perigo que suprime todas as zonas protegidas e todas as diferenciações da modernidade ... Na modernidade desenvolvida, que havia surgido para eliminar as limitações derivadas do nascimento e permitir que os seres humanos obtivessem, mediante sua própria atuação, um lugar no tecido social, aparece um novo *destino agregado de perigo*, do qual não há modo de escapar" (o grifo não é nosso). *La Sociedad del Riesgo, op. cit.*, pp. 11-12.

mia equilibrada em um mercado altamente competitivo, constituíram a pauta das discussões que resultaram no projeto de Constituição européia.

Com a alegação de estar fundada no respeito à dignidade humana, na liberdade, solidariedade e no regime democrático de direito, a Constituição européia é um campo aberto ao debate e ao exame destes e de outros pontos relevantes, apresentando-se como um desafio àqueles que têm no constitucionalismo o ponto central de suas indagações.

Dentro desse espírito, o estudo por nós empreendido objetiva a perquirir, comparando com a força do constitucionalismo americano, se a futura Constituição européia, neste início do século XXI, terá a capacidade ou não de iniciar um novo constitucionalismo.

Há ainda, no corpo desta análise, um outro questionamento: se estivermos diante de um novo constitucionalismo, isto configuraria o encerramento do denominado legado e experiência constitucional pós-1945, de caráter valorativo de base principiológica.

É importante lembrar, ainda, o fato de que o surgimento do projeto da Constituição européia resulta de um longo processo político, resumido da seguinte forma por Francisco ALDECOA Luzárraga:

> A declaração de número 23 e a de Laeken indicam as bases para a reforma do modelo da União e sua transformação em outro modelo que responda às necessidades derivadas da ampliação da sociedade internacional da globalização. Nesta fase, a democracia volta a ser a condição estrutural predominante, pois, é nesta lógica, de aproximar a Europa do cidadão, de torná-la mais transparente, mais legítima e mais compreensível, na qual essa fase a mude por meio de um novo procedi-

mento de preparação da reforma. A Convenção Européia com um mandato implícito constituinte.[72]

2.2. Reflexões sobre a Construção da União Européia e sua Constituição

Nas suas reflexões sobre a necessidade de uma Constituição para a Europa, HABERMAS[73] comenta sobre a posi-

---

72 ALDECOA Luzárraga, Francisco. *Una Europa: Su Proceso constituyente 2000-2003. La Innovación Política Europea y su Dimensión Internacional. La Convención, el Tratado Constitucional y su Política Exterior.* Madrid: Editorial Biblioteca Nueva, 2003, p. 49.
73 SIEDENTOP, Larry. *Democracy in Europe.* Londres, 2000, p.1, apud HABERMAS, Jürgen. *Era das transições.* Op. cit., pp.123-124.. Esta parte de nosso trabalho também se fundamentou em HABERMAS, Jürgen. *The Postnational Constellation: Political Essays.* Trad. para o inglês de Max Penski. Cambridge: The MIT Press, 2001, na qual HABERMAS, especialmente no capítulo 4, "*The Postnational Constellation and the Future of Democracy*" trabalha com as variáveis mercado/capitalismo, Estado-nação, globalização, a construção e especificidade históricas da Europa e, por fim, governança mundial/democracia. Assim, em realidade, o que será exposto em relação a Habermas é no sentido de compreender no tocante à Europa as seguintes posturas de perspectiva de um desenvolvimento de uma possível unidade: "*Eu começarei por distinguir entre quatro posições e sobre esta questão, de acordo com o grau de apoio para uma democracia pós-nacional: eurocéticos, europeus de mercado, europeus federalistas e os proponentes da 'governança global' Os. eurocéticos entendem o tema da questão da carta constitucional européia como, no mínimo, prematuro. Os europeus de mercados aceitam, de forma relutante, a unidade monetária como uma conseqüência necessária do fim dos mercados domésticos, mas não querem ir além disto. Os europeus-federalistas trabalham em direção a uma transformação dos tratados internacionais existentes numa Constituição, com o objetivo de construir uma base de legitimidade para as decisões supranacionais. Por último, estão os representantes de uma alternativa cosmopolita, que observam os Estados federados da Europa*

ção dos "europeus de primeira hora", ou seja, aqueles que objetivam uma união política da Europa pós-guerra baseados no modelo americano, defensores dos "Estados Unidos da Europa", e dos atuais europeus que, embora negando tal posição, se vêem diante da necessidade de dar continuidade ao projeto da União Européia. Nesse sentido, o pensador alemão faz referência à Larry SIEDENTOP, este que representa os seguidores de idéias mais conservadoras, próximas às cautelas do Presidente francês Jacques Chirac sobre o futuro da Europa, citando-o:

> Um grande debate constitucional não precisa envolver, necessariamente, a promessa de que o federalismo é o melhor resultado desejável para a Europa. Ele pode revelar simplesmente que a Europa encontra-se num processo de busca de nova forma política, algo que ultrapassa os limites da simples confederação, porém que fica aquém de uma federação —uma associação de Estados soberanos que concentram sua soberania em áreas extremamente restritas, *uma associação que não deve pretender a posse do poder coercitivo para agir diretamente nos indivíduos à maneira das nações-estado* (grifamos).[74]

---

como base inicial para construir o regime para uma futura 'política doméstica mundial, para ser assegurada por tratados internacionais'". Op. cit., p. 89. Com algumas diferentes denominações, na nossa análise sobre o pensamento habermasiano configurará, como já acentuamos nesta nota, o futuro do destino político-institucional europeu.

74 SIEDENTOP, Larry. *In* HABERMAS, Jürgen, *op. cit.*, pp. 121 122. Vide o Jornal Folha de São Paulo, 13 de dezembro de 2003, p. A12, artigo de Nicolas Weill, *Intelectuais buscam sentido na unificação*. Neste artigo, depreende-se que HABERMAS aponta para o fato de o espaço europeu estar sob a hipótese funcionalista, isto é, segundo a qual uma nação econômica e orçamentária restrita basta para difundir a

HABERMAS tece algumas críticas ao pensamento de SIEDENTOP e aponta a realidade em que vivemos, onde o debate constitucional, após duzentos anos de prática constituinte, diferentemente da situação dos *Federalists* ou da *"Assemblée Nationale*, já não anda em terreno novo. Desta forma, o filósofo alemão entende que o desafio não consiste tanto em encontrar algo novo, mas em transportar as grandes conquistas do Estado nacional europeu para outro formato, que ultrapassa as fronteiras nacionais. Nova é apenas a entidade que surgirá ao final deste caminho.

A *materialização* das garantias do Estado de direito (Max Weber) que sustentam a discussão sobre o *futuro da Europa* são, no entendimento de HABERMAS, menos dependentes das "elucubrações dos juristas ou dos jusfilósofos do que dos discursos altamente especializados e ramificados dos cientistas da área da economia e das ciências sociais, especialmente dos politólogos". No entanto, defende o peso simbólico do debate constitucional, afirmando que a Europa, uma vez que é uma comunidade política, não pode apoiar-se no euro, dado que o acordo de Maastricht "não possui a força simbólica de um ato de fundação política".[75]

Na verdade, essas assertivas, mais gerais de caráter de alerta sobre as dificuldades de viabilizar o projeto da Constituição européia, são retomadas por HABERMAS em seminário realizado em Paris no dia 28 de novembro de 2003.[76] HABERMAS, nessa ocasião, reafirmou sobre os desafios, a curto e a médio prazos da União Européia, que

---

idéia em todos os campos sociais sem preocupar-se com a finalidade do processo de unificação. Segundo HABERMAS, essa falta demonstra a ausência de uma concepção de consenso.

75   *Op. cit.*, pp. 124 e125.
76   Vide *Intelectuais Buscam Sentido da Unificação*, já citado.

sua construção constitucional pode ficar reduzida a uma mera hipótese funcionalista,. "segundo a qual a instalação de um espaço de restrição econômica e orçamentária basta para difundir a idéia européia em todos os campos da vida social."[77]

O filósofo alemão rejeita a visão de "uma Europa unida com base na ambição de impor-se como potência". Por último, ele sustenta para a construção européia de sentido de um solução kantiana". Isto é, de caráter cosmopolita, com o propósito, por exemplo, de suscitar um movimento de reforma da ONU, permitindo a promoção de uma política não-seletiva de instauração dos Direitos Humanos.

Cabe agora, dentro dos objetivos deste capítulo ao examinar os fundamentos políticos, filosóficos e jurídicos de uma futura Constituição européia, determo-nos, de modo mais específico, numa reflexão empreendida por um constitucionalista alemão após os avanços dados pelo Tratado de Maastricht (1992) na instauração da União Européia.

Descortinada essa análise habermasiana sobre a viabilidade de um projeto político institucional europeu, partimos para a análise das considerações do constitucionalista Dieter GRIMM, que discutiu sobre a viabilidade de uma Constituição para a Europa em artigo[78] escrito no início da década de 1990, após o Tratado de Maastricht ter apontado para a transformação do mercado comum em uma comunidade política. Em tal artigo, este autor alemão se mostra cético quanto à concretização de tal empresa por uma série de fatores.

---

77 *Idem.*

78 GRIMM, Dieter. "Una Costituzione per l'Europa?" Trad. para o italiano de Leonardo Ceppa, Fabio Fiore e Gabriela Silvestrini. *In* ZAGREBELSKY, Gustavo, PORTINARO, Pier Paolo e LUTHER, Jörg. *Il Futuro della Costituzione.* Torino: Einaudi, 1996, pp. 339-367.

GRIMM parte de alguns pressupostos, alguns de natureza jurídica, outros de natureza política. Basicamente, suas considerações concluem num sentido que a falta à União européia uma legitimidade democrática além daquela de tipo técnico (restrita ao ponto de vista técnico-econômico), e que tal déficit democrático é estrutural.

No aspecto jurídico, esse autor lembra que a Constituição é o fundamento jurídico de um Estado, enquanto o fundamento das instituições internacionais é o tratado, e que, de duas, uma: ou a constituição pré-existe na forma de um tratado ou tal tratado não está em grau de satisfazer a pretensão de avançar rumo a uma constituição. Além disto, afirma —a nosso ver, com razão— que a União Européia não é uma instituição internacional de tipo tradicional, mas de um novo tipo que dispõe de direitos de soberania transferidos a ela pelos Estados-membros e exercidos com eficácia direta sobre o plano estatal interno; que a União Européia possuiria um déficit democrático intransponível, pois sua legitimidade decorreria menos na deliberação popular (pela via do Parlamento Europeu, que tem sua força no poder de veto e nem tanto no poder de voto)[79] que dos Estados membros (em especial por meio do Conselho Europeu).

No aspecto político, o autor entende prioritário clarear a questão não sobre como melhorar a Constituição euro-

---

79 "E esse mesmo Parlamento, que deveria ser um dos primeiros órgãos da Comunidade, na realidade é de longe o órgão de peso específico menor. As decisões européias, inclusive aquelas de tipo legislativo, são determinadas pelo executivo. Mesmo após sua revalorização por conta do tratado de Maastricht, o Parlamento resta limitado ao direito de veto. Em tais condições, os atos jurídicos europeus devem a sua legitimação democrática aos governos nacionais, que no Conselho formam o autêntico centro de decisional da Comunidade". GRIMM, *op. cit.*, p. 341.

péia, mas, antes disso, como criá-la de fato: definir o que realmente se entende por Constituição e também se ela se apresenta necessária, o que requer um olhar retrospectivo sobre a origem da constituição e seus problemas (no sentido de aquela ter sido criada para a solução destes).[80]

Para GRIMM, qualquer que seja o êxito de uma Constituição européia, restariam duas percepções diversas da questão constitucional pela política européia, de um lado, e do direito europeu, de outro.[81] Sua indagação, ao longo daquele artigo, se delineia entre esses dois pontos.

Esse jurista parte do conceito de Constituição havido na França e nos Estados Unidos da América do século XVIII para afirmar que, entre aquelas Constituições e a européia, a única semelhança é o uso do *mesmo termo*,[82] haja vista que aquelas se referem a Estados nacionais, enquanto que esta refere-se a uma união de Estados, decorrente de acordos entre esses Estados por meio de tratados internacionais. O déficit democrático dos tratados e, em particular, do tratado instituidor do projeto europeu, impediria que um impediria que o tratado que se apresenta como a Constituição da Europa pudesse ser entendido como dentro dos padrões clássicos de uma verdadeira carta constitucional.

---

80 *Op. cit.*, p. 342.
81 "Se a União Européia já dispõe de uma Constituição, ocorre então perguntar de que coisa a política esteja privada e para a qual possa e deva se preparar. Ao contrário, se não dispõe de uma Constituição ainda, dever-se-ia discutir sobre o entendimento comum dos experts do direito comunitário, de que coisa os tratados diferem a respeito da constituição e se tal defeito pode e deve ser corrigido." *Op. cit.*, p. 342.
82 "Tratavam-se, portanto, não de um conceito normativo, mas empírico, no qual as normas se apresentavam simplesmente como componentes de um estado de fato". *Op. cit.*, p. 345.

Conforme o entendimento desse autor, o objeto e a função da Constituição européia seriam totalmente diversos daqueles das Constituições francesa e norte-americana, que foram criadas para revolucionar o conceito segundo o qual o mais importante era a definição da extensão do poder do monarca. Diante das mencionadas experiências constitucionais, a função da Constituição passou a ser, consolidada pelas revoluções liberais, a de determinar o *povo* como sujeito e soberano do poder estatal, em nome de quem e para quem o exercício do poder político deveria ser exercido.

Para GRIMM, as Constituições têm por características: (1) estabelecer o princípio de legitimação do poder político e as condições fundamentais de seu exercício, (2) a instituição e o exercício do poder estatal (regras procedimentais e organizativas para garantir o uso do poder público conforme os princípios, de prevenir os abusos e de afirmar a tal escopo o Estado de direito e a divisão dos poderes); (3) traçar os limites entre o poder estatal de coerção de um lado, e a liberdade individual, de outro.[83] Não obstante, para ele, a combinação desses três componentes não perfaz uma característica conceitualmente necessária do que é uma Constituição.

A Constituição, explica GRIMM, porquanto seja propriamente um complexo de normas, não se exaure todavia na validade jurídica. Por sua eficácia jurídica, ela é antes um importante fator de integração social. Estabelecendo o consenso fundamental de uma sociedade sobre princípios de sua convivência e sob governo de conflitos, permite a resolução pacífica destes e facilita

---

83 *Op. cit.*, pp. 347 e 348.

a aceitação das derrotas. Diluindo no tempo a validade a longo prazo dos fundamentos de agir e decisões necessárias a curto prazo, confere ao processo político uma estrutura de orientação para os atores e para a opinião pública, garante estabilidade na mudança e exonera a política da necessidade constante de discutir seus escopos e processos de integração, coisa que não seria fácil visto as condições de permanente necessidade de decisão e dado a complexidade dos objetos de decisão. A constituição não produz somente estas prestações, mas se alimenta também daqueles pressupostos sociais que não está mais em grau de garantir.[84]

Por fim, esse autor alemão afirma a correspondência entre Constituição e Estado nacional. Nesse sentido, ele considera difícil correlacionar a União Européia a uma Constituição, pelo simples motivo de que a União não é um Estado, mas uma união de Estados nacionais, muito embora reconheça que à União foram conferidos poderes que, antes, eram de competência até hoje reconhecidas exclusivamente a Estados, quais sejam, os poderes de soberania.[85] Ressalva, contudo, que "os poderes de soberania que a Comunidade européia exercita no interior dos Estados-membros não são todavia disciplinados por seus direitos constitucionais. Mesmo se as constituições estatais regulam os pressupostos que autorizam a transferência dos direitos de soberania dos Estados-membros para a Comunidade, uma vez transferido o exercício de tais direitos é sobreposto aos órgãos da Comunidade, não ao direito nacional."[86]

---

84 Op. cit., p. 348.
85 Op. cit., p. 349.
86 Op. cit., p. 349.

Faltaria à União Européia, segundo GRIMM, o substrato social necessário a atingir a unidade própria de um Estado (e própria de sua constituição). Embora o poder público esteja regulado pelos tratados (que constituem a União Européia), a exemplo do que ocorre nas Constituições, os tratados "não possuem um catálogo de direitos fundamentais que ponha sob os princípios-guia da liberdade e igualdade as relações entre a Comunidade e as pessoas àquela subordinadas.[87]

Além disso, no entender de GRIMM, faltaria também à União Européia o pleno domínio de sua Constituição. Enquanto os Estados nacionais dão a si sua própria Constituição, isso não teria ocorrido em relação à União Européia: foram os Estados que deram a Constituição a ela:

> Em conseqüência, esta não pode sequer dispor de seu próprio ordenamento fundamental. "Senhores dos tratados", como se costuma dizer, restam os Estados-membros, que é certo que não se resolvem na União. A comparação consente então de estabelecer que, frente ao poder público da União Européia, os tratados não assumem aquelas funções essenciais que sobre o plano estatal interno são esperadas das constituições. Se o papel da Constituição consiste na juridificação do domínio, sob este aspecto os tratados não fazem esperar muito. Com isto, as exigências fundamentais do constitucionalismo moderno não ocorrem em relação à Comunidade... A diferença está na recondução à vontade dos Estados-membros, em vez de à vontade dos povos da União... O poder público europeu não deriva do povo mas da mediação dos Estados.[88]

---

87 Op. cit., p. 351.
88 Op. cit., pp. 353 e 354.

GRIMM apresenta fatos para comprovar suas considerações teóricas. Ele entende como evidente a falta de legitimidade popular, haja vista que as decisões mais importantes da União são tomadas pela Comissão e pelo Conselho Europeus (órgãos executivos da União formados por delegados representantes dos Estados-membros):

> *Enquanto não consiste somente de deputados dos parlamentos nacionais, mas de cidadãos eleitos diretamente pelo povo, também o Parlamento europeu representa os interesses da Comunidade. Todavia, este não forma, como nos Estados-membros, o centro de comando da mediação democrática, ma resta em substância limitado a uma função de veto, até depois de sua promoção de papel meramente consultivo àquele de participante do processo decisional... o Parlamento... enquanto representação eletiva, dispõe na verdade de uma legitimação democrática direta, mas tem pouca influência. Ele deve ser dotado dos poderes dos costumeiros exercitantes da representação popular, ou seja, da legislação, da aprovação das contas, da formação e do controle do governo. Um tal alargamento dos poderes não poderia não se refletir sobre os demais órgãos, em particular sobre o Conselho de ministros. Segundo esta perspectiva, o Conselho de ministros se transforma em uma câmara de nações no âmbito do Parlamento, enquanto a Comissão é promovida a governo.*[89]

Em seu artigo, GRIMM preocupa-se muito mais sobre a questão da democracia que com o problema da Constituição. Na verdade, a Constituição seria apenas um instru-

---

[89] *Op. cit.*, pp. 354 e 355.

mento para que a democracia se concretize no âmbito da União Européia (daí sua preocupação quanto ao déficit democrático da constituição-tratado). Para esse jurista, e com o que concordamos inteiramente, o que caracteriza a democracia é "o fato que, nela, a legitimação do domínio político não é do tipo transcendental, tradicional ou elitista, mas consensual. O poder estatal procede do povo e é exercido em seu favor por órgãos específicos, que são por sua vez responsáveis por tal exercício."[90]

Esse consenso, isto é claro, não é algo fácil de se conseguir, haja vista que todos os membros da sociedade têm o direito de apresentar seus interesses. De todo modo, GRIMM é enfático ao considerar que a única forma de se garantir que o consenso possa ser atingido de modo legítimo é por meio da tutela dos direitos fundamentais à livre comunicação.[91] Suas conclusões não retiram do Poder Legislativo livremente eleito o caráter democrático, não obstante afirmam de modo categórico que a estrutura democrática demanda muito mais do que um parlamento livre: é preciso que os indivíduos participem do processo político por outros meios (por exemplo, por organizações não-governamentais que defendam interesses próximos aos seus), e é preciso que a opinião pública seja desenvolvida no interior da sociedade, bem como divulgada de modo isento

---

90 E continua: "O povo não é uma comunidade cuja unidade e vontade seriam de algum modo pré-estabelecidas... O povo é, ao contrário, atravessado de contrastes de opiniões e de interesses que são passíveis de composição em uma unidade —sempre cambiante— somente por meio de negociação e pela decisão da maioria. O problema central de um sistema caracterizado pela diferenciação (*divaricazione*) entre titularidade e exercício do poder estatal, é a mediação entre povo e órgãos, mediação que se torna difícil por conta da tendência à autonomia destes últimos". *Op. cit.*, p. 356.

91 *Op. cit.*, p. 357.

pelos meios de comunicação, para que tal opinião pública sobre um ou outro assunto se consolide democraticamente.[92]

É, portanto, uma simplificação estatística —afirma GRIMM— assumir que a mediação dos interesses e das opiniões, o processo decisional e a formação da vontade, o assegurar da estabilidade e da legitimidade que alimentam a integração social são um produto exclusivo dos órgãos estatais. Tais órgãos estão, ao contrário, relacionados às múltiplas estruturas intermediárias internas da sociedade que, por se referirem às instituições estatais, não podem ser por estas nem garantidas tampouco substituídas. Por tal razão, o sucesso da constituições democráticas não depende apenas da íntima bondade de suas disposições, mas também das condições externas de sua eficácia. Isto vale também

---

[92] Mesmo apontando a necessidade de eleições periódicas para definição da representação popular para composição do Poder Legislativo e a vinculação do Poder Executivo às leis determinadas por aquele poder, GRIMM não identifica a democracia com o parlamentarismo. Claro que a democracia seria "inimaginável" sem a presença de um parlamento livremente eleito, mas "a simples atividade parlamentar não garante de per se qualquer estrutura democrática". GRIMM entende necessária a participação popular de modo mais direto, recorrendo os indivíduos, para que façam valer suas opiniões e seus interesses, a organizações e canais de influência supletivos, pois os partidos políticos e a política de partidos não teriam o condão de cobrir de modo suficiente toda a pluralidade de interesses e de opiniões sociais: "o processo parlamentar se funda sobre o processo social de mediação de interesses e de administração de conflitos... Em tal modo, o nexo entre os indivíduos, suas associações e os órgãos estatais vem garantido sobretudo pelos meios de comunicação que produzem a opinião pública indispensável para a formação de uma opinião geral e para a participação democrática". *Op. cit.*, p. 357.

para órgão central dos Estados democráticos, o Parlamento....

E conclui:

"Quando um parlamento não se funda sobre uma tal estrutura capaz de assegurar a interação constante entre povo e Estado, está presente a forma, mas não a substância da democracia.[93]

Por conta de tais afirmações, GRIMM não acredita na possibilidade de uma União Européia substancialmente democrática, pois faltariam a esta (1) um sistema de partidos políticos (haveria apenas grupos parlamentares em tênue cooperação partidária, sem qualquer força em torno de programas europeus comuns); (2) uma rede de entidades (organizações não-governamentais) defensoras de movimentos civis, e (3) um sistema de comunicação de massa que permitisse a editoria e a difusão de interesses no sentido de formar uma opinião pública européia.[94]

Sobre este terceiro ponto, sua falta é apontada por GRIMM de modo enfático: "As perspectivas de europeização do sistema de comunicação são de todo inconsistentes".[95] Os motivos de tal ausência estariam relacionados à dificuldade de criação de um sistema novo, sobreposto às mídias nacionais, haja vista que estas se endereçam a públicos nacionais, apresentando temas sob ponto de vista e costumes comunicativos de tipo nacionais. Para esse autor alemão, seria necessário criar um público europeu e fundar um discurso europeu, "o que implicaria na existência de jornais e programas de rádio e de televisão visando a um

---

93 *Op. cit.*, pp. 357 e 358.
94 *Op. cit.*, pp. 358 e 359. Sobre a ausência de uma opinião pública européia, *cf.* ainda a p. 362.
95 *Op. cit.*, p. 359.

mercado europeu, de modo a produzir um contexto comunicativo supranacional."

Porém" — continua GRIMM — um mercado desse gênero pressuporia um público dotado de capacidade lingüística tal que consentisse o uso de mídia européia. E isso implicaria ou o caso de publicistas que podendo servir-se da própria língua seriam universalmente compreendidos, ou — mais realisticamente — a imposição, ao lado da língua-mãe, de uma língua franca européia... O que consente em dar um nome ao maior obstáculo à europeização da infra-estrutura política, da qual dependem o funcionamento de um sistema democrático e a eficiência de um parlamento. Trata-se da língua. A comunicação é legada à língua, e a uma experiência e uma interpretação do mundo mediado lingüisticamente.[96]

Para o referido constitucionalista, o conceito de democracia que predomina hoje em dia é restrito apenas à formação organizada da vontade — algo que pode ser resolvido pela capacidade lingüística de uma elite funcional. A democracia real, no entanto, não poderia se desenvolver num ambiente em que os indivíduos não possam se comunicar — e a língua comum seria fundamental, para que todos venham a expressar seus interesses de modo que os demais possam entendê-los. Ao final, conclui que a União Européia tem caráter de uma *federação de Estados* e, nesse sentido, *não poderia ter uma Constituição*, mas tão-somente uma instituição por meio de um tratado: "Uma constituição européia não poderia superar a fratura existente (o déficit democrático) e seria em conseqüência destinada a

---

96 *Op. cit.*, p. 360.

frustrar as expectativas que lhe foram confiadas. A legitimação produzida neste caso seria fictícia. Sob estas luzes, a constituição é em definitivo estritamente conexa ao Estado e que, para esta que se requer para a Europa, dever-se-ia ao menos saber qual processo (se o de uma união de Estados ou de uma união de povos, na qual os Estados perdem sua competência) está próximo de se encaminhar."[97]

HABERMAS entendeu relevante dialogar com GRIMM, não propriamente respondendo suas considerações de modo contrário — pois até concorda com algumas delas —, mas fazendo duas objeções: (1) que GRIMM descreveria as alternativas de modo incompleto, e (2) que a fundação normativa dos pré-requisitos funcionais para uma formação democrática da vontade não seria de todo isenta de equívocos.[98]

Assim, em complementação aos argumentos de GRIMM, HABERMAS expõe, quanto à sua primeira objeção, que a criação da União Européia ocorre em um plano mais amplo, não o dos Estados nacionais, mas o dos imperativos da globalização, que desnacionalizaram as economias estatais e que forçaram os Estados, para não perderem competitividade no plano internacional, a aceitar certas reduções de sua soberania em prol de sua própria sobrevivência:

> Se quisermos salvaguardar o Estado social, ao menos em sua substância, e se quisermos evitar a segmentação

---

[97] Op. cit., p. 367.
[98] HABERMAS, Jürgen. "Una Costituzione per l'Europa? Osservazioni su Dieter Grimm." Trad. para o italiano de Leonardo Ceppa, Fabio Fiore e Gabriela Silvestrini. In ZAGREBELSKY, Gustavo, PORTINARO, Pier Paolo e LUTHER, Jörg. Il Futuro della Costituzione. Torino: Einaudi, 1996, pp. 369-375.

de uma subclasse, então devemos construir os órgãos capazes de agir sobre o plano supranacional.[99]

Com base nesse novo ponto de vista, mais amplo, HABERMAS rejeita a descrição de GRIMM sobre a União Européia, afirmando que a instituição desta é a forma necessária de proteção dos Estados nacionais contra uma globalização econômica que produz miséria pós-industrial a ponto de criar, por conta da população *excedente*, um novo terceiro mundo dentro do primeiro. Ou seja, haveria um interesse maior, não levado em conta por GRIMM, que faz com que os europeus *queiram* a União Européia, num sentido que esta seria a melhor alternativa à preservação da essência dos Estados nacionais.[100]

Já quanto à segunda, HABERMAS discorda da afirmação de GRIMM segundo a qual uma Constituição européia só seria possível quando existir um povo europeu. Para HABERMAS, as diferenças entre os nacionais não podem ser consideradas como um obstáculo maior que as diferenças já existentes (culturais, religiosas e étnicas, por exemplo, que já são suficientes para impor um pluralismo de interesses) dentro dos Estados nacionais. Quanto ao obstá-

---

99 *Op. cit.*, p. 371 e 372.
100 "A descrição de Dieter Grimm nos apresenta a União Européia como uma instituição a suportar com paciência e que devemos conviver com suas abstrações. Ao contrário, as razões pelas quais devemos querê-la politicamente não foram evidenciadas. A mim me parece que o perigo maior provém da automatização das redes e dos mercados globais que contribuem também para a fragmentaçao da consciência pública. Se a esses sistemas entrelaçados não forem contrapostas instituições políticas verdadeiramente eficazes, então veremos ressurgir, no coração de uma modernidade econômica extremamente móvel, o paralisante fatalismo político-social que já sacudiu os velhos impérios." *Op. cit.*, p. 372.

culo da *língua comum*, HABERMAS também o considera perfeitamente transponível, seja porque o nível de educação na Europa já confere aos europeus o uso de outras línguas além da nacional ("o inglês como *second first language*"), seja porque a vontade política dos europeus de encaminhar o processo constitucional da União Européia (iniciada e em desenvolvimento há décadas nos planos econômico, social e administrativo) seja forte o suficiente para *induzir*[101] as práticas políticas a um contexto comunicativo comum que permita o pleno exercício da democracia no âmbito europeu.

De fato, GRIMM está correto em sua análise — e também em suas conclusões — no plano teórico, ao afirmar que ainda não houve a formação de um povo europeu ou que a União Européia se caracteriza menos como uma federação constitucional de povos e mais como uma federação de Estados nacionais, o que retiraria dela a legitimidade democrática de suas instituições. Não obstante, há que se concordar também com HABERMAS, que apresentou pressupostos de razão prática não considerados por GRIMM: a União Européia se apresenta, para HABERMAS, como o fruto da necessidade de preservação, dos Estados-membros e de seus nacionais, contra os rigores da crescente globalização econômica. Mais que isso, e mesmo que o motivo da criação da União fosse outro, HABERMAS aponta que, de fato, houve verdadeira vontade popular no sentido de os Estados nacionais se moverem em direção à União. E que tal vontade é suficiente para considerar a União não só uma União de Estados, mas também — e principalmente — uma União dos povos europeus. Nesse sentido, o tratado que institui uma Constituição para a Eu-

---

101 *Op. cit.*, p. 375.

ropa não pode senão ser considerado como a Constituição da União Européia.

2.3. Desenhando alguns limites

Vencidas essas análises a respeito das contribuições de GRIMM e HABERMAS a respeito do projeto institucional europeu, e com base na leitura do artigo elaborado por Jan KLABBERS e Päivi LEINO,[102] poderemos perceber que, além das dificuldades expostas por GRIMM para a consecução de um projeto constitucional; despontaram outras. Entre essas, os citados estudiosos indicam que o projeto constitucional apresenta uma amplitude de temáticas em decorrência das próprias tarefas atribuídas à Convenção Constitucional. Tal fato decorre de que, em dezembro de 2001, o Conselho Europeu, ao adotar a *Declaração de Laeken*[103] sobre o futuro perfil institucional da União Européia acabou por explicitar uma série de questões a serem enfrentadas. É o caso, por exemplo, de uma *reorganização dos tratados* que disciplinam esse ente político-jurídico.

Além dessa tarefa, a Convenção instituída teria de dirimir como seria integrada a Carta dos Direitos Fundamentais, aprovada no âmbito da União Européia, no final de 2000, dentro do sistema europeu de proteção dos Direitos do Homem. Em decorrência desses objetivos, a Declaração

---

[102] KLABBERS, Jan e LEINO, Päivi. "Death by Constitution: The Draft Treaty Establishing a Constitution for Europe." *In* German Law Journal, vol. 4, n° 12, dez.2003, pp. 1293-1305. Artigo eletrônico disponível em www.germanlawjournal.com, acesso em 1° de dezembro de 2003.

[103] A Declaração de Laeken encontra-se transcrita ao final deste trabalho, em apêndice.

de Laeken direcionaria, conforme KLABBERS e LEINO, para uma questão conclusiva: "se esta simplificação e reorganização não deveriam conduzir dentro de um cronograma à adoção de um texto constitucional".[104] E arrematam apresentando quais seriam "os elementos básicos desta Constituição", entre eles seus valores, os direitos fundamentais e os deveres dos cidadãos; e por fim a relação entre os Estados-membros dentro da União.[105]

KLABBERS e LEINO, numa linha próxima a das análises de HABERMAS e GRIMM, apontam, também, de forma crítica para o problema da dificuldade da construção da identidade européia:

> ...desta perspectiva sozinha, a 'Declaração de Laeken' é uma verdadeira peça significativa de documento trazendo domesticamente a mensagem, num apanhado de páginas, que não somente a Europa tem uma história compartilhada (habilitando esse fato a ter memórias partilhadas e por conseqüência ser madura para uma constitucionalização), e também de preferência uma história maravilhosa, nas quais os europeus realizaram grandes coisas para si mesmos e, não menos importantes, para o mundo (naturalmente, o colonialismo, esta quintessência da invenção européia, aliás não mencionada).[106]

Acresce aos limites de uma história européia comum, a constatação na leitura do mencionado artigo que "as ambições unificantes de passado serão respostas por um casa-

---

104 KLABBERS e LEINO, op. cit., p. 1293.
105 Loc. cit..
106 Op. aut. cit., p. 1295.

mento de conveniência, a ser anulado tão breve quanto se não for mais conveniente".[107]

Essa análise esboçada por KLABBERS e LEINO reforça, ainda, que o projeto constitucional não é, suficientemente, claro quanto *para quem* a Constituição é formada, ou melhor dizendo, para qual comunidade e qual o propósito a ser compreendido por esta, questionam os autores ora estudados.

Há outros pontos instigantes no artigo ora comentado, como a afirmação de que o projeto constitucional esboçaria, na verdade, uma comunidade de Estados. Culminam tais críticas em relação aos próprios limites do papel da Constituição.

Encontramo-nos assim diante de um impasse de caráter intransponível a ser resolvido pela concepção de carta constitucional. Ele é exemplificado pelo fato de que o projeto europeu, cujos "valores que têm sido mais ou menos desenvolvidos organicamente tem sido incorporados ao longo dos anos, em realidade, por um processo sob a 'força da caneta' e por um tênue consenso de momento".[108]

A titulo de síntese deste capítulo, sublinhamos a importância dos fundamentos filosóficos e políticos para compreender a futura Constituição européia. Nesse linha, por exemplo, um dos pensadores examinados defendeu a imperiosidade de ela traduzir um propósito cosmopolita como uma das razões de existência da União Européia, sem esquecer, por outro lado, dos limites desse projeto de perfil kantiano delineado por GRIMM, nos anos 90, e esboçado também por KLABBERS e LEINO.

---

[107] *Op. aut. cit..*, p. 1297.
[108] *Op. aut. cit..*

Por essa razão, refletiremos, no capítulo 4, sobre os acertos das observações tecidas pelos estudiosos cujos textos examinamos ao longo deste capítulo.

Nesse sentido, são importantes as observações do cientista político italiano Sérgio ROMANO,[109] para quem o processo político institucional europeu avançou impulsionado mais por essa denominada perspectiva funcionalista econômica (HABERMAS). Assim, além de uma identidade comum e de um modelo constitucional definidor, de forma de estado, ROMANO pontua:

> Mas ademais há que ter em conta que a União Européia foi muito além do federalismo em inúmeras questões; na agricultura, no mercado único, na moeda única. Nos Estados Unidos não houve uma verdadeira moeda única até 1912 e 1913 quando se criou a Reserva Federal e o valor do dólar se unificou. Na Europa há uma forte contradição, porque em algumas coisas temos ido mais além do federalismo e noutras estamos muito distante. A Europa está um pouco ferida por esta contradição.[110]

Dentro desses impasses, apresentados ao longo deste capítulo, encontraremos também a importante contribuição de SIEDENTOP em sua obra *La Democracia en Europa*.[111] Esse autor britânico sintetiza todos os nossos propósitos apresentados nos dois primeiros capítulos desta obra

---

109 Sérgio ROMANO. *Una Constitución europea do tipo federal era impossible*. Entrevista para o Jornal *El Pais*, 17 de agosto de 2003, p. 6.
110 Sergio ROMANO, idem.
111 SIEDENTOP, Larry. *La Democracia en Europa*. Trad. para o espanhol de Antonio Resines Rodrigues e Herminia Bebía Villalba. Madri: Siglo Veintiuno, 2001. Obra, aliás, comentada por HABERMAS, conforme indicado no início deste capítulo.

quanto à relevância de compreender o constitucionalismo americano, destacando o final do século XVIII.

SIEDENTOP demonstra como é fundamental o estudo das bases constitucional, política e institucional norte-americanas para compreender esse processo de construção européia discutido por HABERMAS, GRIMM, KLABBERS e LEINO e, por fim, ROMANO. Nesse seu resgate histórico, SIEDENTOP aponta, naturalmente, as dificuldades de consolidar uma sociedade européia saída de uma estrutura feudal e aristocrática para um processo democrático pluralista pós-1945. Mudança esta que se dá numa base de "americanização" da estrutura social européia, conforme SIEDENTOP descreve:

> *O crucial é o caráter cada vez mais de 'classe média' das sociedades européias, enquanto que as diferenças de posição que tiveram sua origem no feudalismo, têm-se erodido quase até o ponto de sua desaparição. Dito de outro modo, as castas originais geradas pelo feudalismo — a aristocracia e o campesinato — se fundiram hoje numa nova posição intermédia ou burguesa.*[112]

O autor completa seu raciocínio para atestar a presença da contribuição sócio-política e jurídica dos Estados Unidos porque os europeus se viram obrigados a dar conta desse novo tipo de sociedade:

> O motivo está claro. Os Estados Unidos foram a primeira sociedade a experimentar as circunstâncias geradas por essa revolução na estrutura social e em abordar seus problemas. Foi a primeira sociedade ocidental na

---
112 *Op. cit.*, p. 251.

qual a propriedade generalizou o pertencimento à classe média e na qual a prosperidade não só estava amplamente repartida senão que ela havia desaparecido em grande medida as deferências da posição social que sobrevivia na Europa desde o feudalismo.[113]

Diante dessa estrutura social européia, mais permeável ao pluralismo político, SIEDENTOP (assim como também ROMANO) está preocupado com certos avanços político-institucionais. Haveria assim, segundo o autor de *La Democracia en Europa*, a necessidade de serem oferecidas garantias mais eficazes contra a centralização e a usurpação de poder por parte da burocracia estatal instalada em Bruxelas.

Por conseqüência, seguindo uma linha de caráter prepositivo diferente dos estudiosos examinados por nós neste capítulo, SIEDENTOP sugerirá, tendo como base o modelo constitucional norte-americano, duas saídas institucionais, saídas estas que se identificam com a análise a respeito de legislador (político-democrático) e o juiz expostas no capítulo 1 deste trabalho.

Considera a primeira delas seria necessidade da instituição de um Senado Europeu a servir como um canal entre as classes políticas nacionais, que conservam a sua legitimidade democrática, e o processo de tomada de decisões em Bruxelas. A eleição desses *eurosenadores* seguiria, aliás, o modelo norte-americano original.[114] A segunda seria a instituição de um Supremo Tribunal a exemplo da Suprema Corte norte americana, de modo a incorporar, efetivamente, os juízes e advogados na arena política. SIEDENTOP

---
113 *Op. loc. cit.*.
114 *Op. cit.*, p. 162.

explica que há, nos EUA, uma classe jurídica extremamente aberta com a facilidade de obter uma formação legal, e que esta abre o caminho para outras áreas da vida corporativa e profissional, apresentando como estratégica, na sociedade norte-americana, a função política dos operadores do direito.[115]

À guisa de conclusão deste capítulo, recorreremos novamente ao pensamento de SIEDENTOP, que tipifica as dificuldades de como a Constituição européia poderá modelar instituições para uma estrutura social tão multifacetada como a existente no âmbito europeu. SIEDENTOP leciona:

> Bem entendido, o atrativo do federalismo ao qual a Europa se refere é aquele que permitiria a superveniência das culturas políticas nacionais e formas de espírito cívico diferentes. Mas só será assim se a aproximação ao federalismo for gradual. Um dos requisitos prévios para o êxito do federalismo é um consenso sobre quais áreas serão tomadas as decisões correspondentes ao centro e as quais devem ser reservadas a periferia.[116]

SIEDENTOP adverte, no entanto, que esse consenso não existe e que, para tanto, torna-se imperiosa a adoção das saídas institucionais que ele sugeriu, quais sejam, a instauração de um Senado e a de um Tribunal Europeu. Basicamente, seria um trabalho para gerações e que o federalismo é solução adequada. Mas a Europa ainda não estaria preparada para ele.

---

115 *Op. cit.*, p. 165.
116 *Op. cit.*, p. 255.

Por fim, dentro dessa exaustiva relação de aspectos de identidade comum e de impasses institucionais, antevistos por HABERMAS, GRIMM, KLABBERS e LEINO e SIEDENTOP, devemos agora analisar como tais aspectos e impasses foram enfrentados pelo projeto de Constituição européia.

CAPÍTULO 3

DESENVOLVIMENTO HISTÓRICO DA UNIÃO EUROPÉIA

3.1. Pontos Históricos; 3.2. Formação da União Européia; 3.3. Suas Instituições-matrizes; 3.3.1. A CECA; 3.3.2. Os Tratados de Roma; 3.3.2.1. A Comunidade Econômica Européia; 3.3.2.2. A Euratom; 3.4. Ampliações da União Européia; 3.4.1. Primeira Ampliação; 3.4.2. Segunda Ampliação; 3.4.3. Terceira Ampliação; 3.4.4. Quarta Ampliação; 3.4.5. Quinta Ampliação 3.5. A Europa dos Doze; 3.6. A União Econômica e Monetária; 3.7. O Tratado de Maastricht; 3.8. A União Européia Ocidental; 3.9. Ata Única Européia; 3.10. Espaço Econômico Europeu

3.1. Pontos Históricos

A idéia de uma Constituição européia foi desenvolvida a partir de instituições e tratados internacionais e teve por substrato a evolução de um complexo processo histórico, que se tornou mais nítido após a Segunda Guerra mundial.[117]

---

[117] Vide, a propósito, a obra de MACHADO, Jónatas Eduardo Men-

É sobre esse desenvolvimento histórico institucional no âmbito dos países europeus que nos ocuparemos a seguir.

3.2. Formação da União Européia

A União Européia é um conjunto de organizações criadas entre os países da Europa Ocidental com a finalidade de articular mecanismos de cooperação econômica, política e social que levem a uma progressiva integração destes países. Devastada pela Segunda Guerra Mundial, sofrendo as conseqüências de anos de cruel luta e tendo sido, ao término do conflito, dividida em dois blocos antagônicos, os países das Europa Ocidental reforçaram sua colaboração em temas referentes à defesa (Tratado de Bruxelas em 1948; União da Europa Ocidental, em 1954) e à economia (Organização Européia de Cooperação Econômica, criada em 1948 entre os países beneficiários do Plano Marshall, e União Européia de Pagamentos, fundada em 1950).

O objetivo expressado pelos mais entusiastas do momento, os franceses Jean Monnet e Robert Schuman, o italiano Alcide de Gaspari e o alemão Konrad Adenauer, era incrementar o grau de supranacionalidade até alcançar um nível de integração que impediria a reedição das tensões históricas entre a as potências européias. A internacionalização da economia e as comunicações, ademais, fazia inevitável o rápido avanço no caminho de uma Europa de estrutura *confederada*, que pudesse competir com o novo líder da economia mundial, os Estados Unidos.

---

des. *Direito Internacional: do Paradigma Clássico ao Pós-11 de Setembro*. Coimbra: Coimbra, 2003, especialmente seu capítulo XII sobre Direito Comunitário. A outra obra a ser consultada é *European Constitutionalism Beyond the State* organizada por Weiler, J.H.H. e Wind, Marlene. Cambridge: Cambridge University Press. 2003. Há uma discussão relevante a respeito da possibilidade de um constitucionalismo sem constituição.

3.3. Suas Instituições-Matrizes

3.3.1. A CECA

Em 18 de abril de 1951 foi assinado o Tratado de Constituição da Comunidade Européia do Carvão e do Aço (CECA), integrada por Alemanha, Bélgica, França, Itália, Luxemburgo e Países Baixos. A iniciativa para criar esta instituição partiu do então ministro de Assuntos Exteriores francês, Robert Schuman. Os países integrantes da CECA passaram a ser chamados de a *pequena Europa* e tinha como missão coordenar a produção franco-alemã de carvão e aço, por um lado, e, sobretudo, a de assentar as bases para um futuro mercado comum europeu e, segundo definição de Schumam, constituir o embrião de uma futura federação européia que assegurasse a manutenção da paz.

Nos anos seguintes, diversas iniciativas como a criação da Comunidade Européia da Agricultura, em 1954, e o projeto fracassado de criar um organismo de coordenação das políticas sanitárias dos seis sócios, foram perfilando o que o Tratado de Roma, de 25 de março de 1957, consagraria como a Comunidade Econômica Européia (CEE), um organismo com eminente finalidade econômica, porém que introduzia em suas bases postulados que abriam as portas para uma Europa social.

3.3.2. Os Tratados de Roma

Na data de 25 de março de 1957 foram firmados na cidade de Roma, por Bélgica, França, Itália, Luxemburgo, Países Baixos e República Federal Alemã, dois Acordos Internacionais que constituíram, um, a Comunidade Econômica Européia (CEE), e outro, a Comunidade Européia de Energia Atômica (Euratom).

3.3.2.1. A Comunidade Econômica Européia

Os pilares básicos que estabelece o Tratado de criação da Comunidade Econômica Européia são dois: a derrubada progressiva das barreiras alfandegárias entre os países-membros, ou seja, a formação de uma união aduaneira, e a coordenação de suas estratégias econômicas, em outras palavras, uma política econômica comum.

O período transitório para o fim das barreiras alfandegárias devia finalizar em 1970, e os resultados haviam sido espetaculares: a união aduaneira havia se concluído, a política agrária havia se estruturado e os intercâmbios comunitários haviam quintuplicado.

O Tratado de Roma, que entrou em vigor em 1º de janeiro de 1958, estabelecia como ponto prioritário a livre circulação de mercadorias, capitais, serviços e pessoas. Ademais, estabelecia uma política agrária comum e a criação de uma política monetária coordenada entre as divisas dos países-membros. A Ata de Roma define os organismos da nova organização pan-européia: Comissão (integrada por comissários designados pelos Estados membros), Conselho (integrado pelos respectivos ministros de assuntos exteriores ou primeiros-ministros), Parlamento e Tribunal de Justiça.

3.3.2.2. A Euratom

A Comunidade Européia da Energia Atômica (Euratom) foi fundada em 1º de janeiro de 1958 com o objetivo de estabelecer as condições necessárias para a formação e desenvolvimento de indústrias nucleares com fins pacíficos, a coordenação de esforços dos países-membros e a difusão de conhecimento em matéria nuclear. Surgido do

Tratado de Roma em 25 de março de 1957 e constituído, em princípio, pelos membros da CECA, integrou-se à CEE no ano de 1967. O poder executivo dessa Comunidade era regido pela Comissão das Comunidades Européias, assessorada por um Comitê para a Ciência e Tecnologia e um Comitê Econômico e Social. Os demais órgãos são comuns à CEE e à CECA, todos com sede em Bruxelas.

Os governos francês, alemão e britânico, mesmo contrariando a opinião de metade de sua população, continuam desenvolvendo a energia de fusão nuclear. Em nenhuma outra parte da Europa Ocidental tem-se atualmente construído centrais nucleares. A situação era muito diferente no início dos anos oitenta, quando Bélgica, Espanha, Finlândia, Itália, Suecia, Suíça, e (então existente) Iugoslávia estavam envolvidas em projetos de energia nuclear.

Nas décadas de 1940 e 1950 motivações militares fomentaram o desenvolvimento nuclear da Europa. Tanto o Reino Unido como a França desejavam assegurar a independência nesse tipo de tecnologia para fins estratégicos dentro da corrida armamentista existente à época.

A Euratom era um dos pés do tripé sobre o qual se construiu a Comunidade Européia (os outros eram a Comunidade do Carvão e do Aço e a Comunidade Econômica). Nos anos cinqüenta, quando foi criada a Euratom, "atados pela paz" era o slogan europeu. Muitos engenheiros e políticos viam as centrais nucleares como o melhor caminho para o surgimento de energia barata e limpa, que além disso poderia acabar com a dependência do petróleo estrangeiro.

Em 1988, os doze países da Comunidade Européia tinham 139 centrais nucleares. Mais da metade foram desativadas durante os anos oitenta, a maior parte na França e na Alemanha. A energia atômica deixou de ser considerada como parte importante da matriz energética da Europa por conta do acidente em uma central nuclear na cidade de Chernobil, na antiga União Soviética, em que parte da Europa foi contaminada por uma nuvem de radiação nuclear. Além disso, nessa época houve, coincidentemente, queda no preço do petróleo e diminuição das previsões do consumo de energia elétrica.[118]

3.4. Ampliações da União Européia

Em que pese as hesitações iniciais e, sobretudo, as reticências de países como o Reino Unido e os países escandinavos, temerosos de que a CEE poderia fazê-los perder parte de sua independência e reduzir a pujança do Estado de bem-estar social ao qual estavam acostumados, a Comunidade foi ganhando adeptos progressivamente, haja vista que, no aspecto econômico, as vantagens se apresentavam de modo mais concreto e significativo que as desvantagens imaginadas. Assim, com a finalidade de tentar superar a crise originada pela fixação dos preços agrícolas entre 1963 e 1965, a CEE abriria suas portas em 1973 a três novos membros: Dinamarca, Irlanda e Reino Unido.

Em 1979 foi instituído, no âmbito dos países membros da CEE, o Sistema Monetário Europeu (SME), que estabeleceu bandas mínimas de flutuação das divisas dos Estados-membros, pondo fim à crise dos anos 70.

Apesar das dificuldades que sempre surgem, por conflito de interesses entre os países-membros, a União Européia realizou cinco ampliações. Já instituída como União

---

118 Os programas nucleares continuaram na Europa Oriental e na (ex-) URSS até os anos noventa. Os países da Europa Ocidental que não construíram centrais nucleares abandonaram a intenção de fazê-lo, o que fez com que a Euratom acabasse por perder seu sentido.

Européia, com 15 membros, foi aceito que mais 10 ingressassem, o que ocorrerá em 1º de maio de 2004.

3.4.1. Primeira Ampliação

Teve como protagonistas quatro países: Dinamarca, Irlanda, Reino Unido e Noruega. A operação transcorreu de forma polêmica desde o início do processo, em princípios dos anos 60. As reiteradas oposições do presidente francês, o general Charles de Gaulle, atrasaram a operação até o ano de 1973, quando, depois de árduas negociações, foram aceitos definitivamente como membros. Por meio de votação popular, a Irlanda aprovou seu ingresso à CEE em maio de 1972 por 83% do eleitorado. Dinamarca fez o mesmo, com uma margem menor (63,5%), em setembro do mesmo ano. O Governo conservador do Reino Unido havia firmado seu ingresso apenas com o apoio do Parlamento, sem realizar consulta popular alguma. Assim, quando subiram ao poder os trabalhistas em 1974, foi organizado um referendo no qual 67% do eleitorado disseram sim ao ingresso na CEE.

A Noruega se tornou o primeiro país a negar seu ingresso à CEE, por conta de 53% de votos contrários à associação. O resultado do referendo provocou, à época, a queda do gabinete do primeiro ministro Trygve Bratelli.[119]

3.4.2. Segunda Ampliação

A segunda ampliação aconteceu em 1º de janeiro de

---

119 A razão fundamental para a negativa teria sido o setor pesqueiro. Os noruegueses temiam que a entrada de barcos comunitários acabasse prejudicando sua própria pesca.

1981 e teve como protagonista a Grécia. A incorporação se deu de forma tranqüila sem produzir as tensões do primeiro ingresso. Nem a população nem a economia grega representaram grande mudança estrutural para o conjunto comunitário. Os setores que preocuparam, de forma mínima, foram a agricultura e a frota comercial, a primeira, por sua possível concorrência com Itália e França, e a segunda por seu grande tamanho. Ao final de um período transitório de cinco anos e a constatação da penúria econômica grega, não houve mais contestação ao seu ingresso.

3.4.3. Terceira Ampliação

A terceira ampliação foi a mais problemática de todas, trazendo para a Comunidade dois países que muito recentemente haviam acendido ao regime democrático: Espanha e Portugal. A abertura formal das negociações se iniciou em 1979 em Bruxelas. As conversações foram especialmente lentas, devido a numerosos empecilhos impostos pelos representantes franceses ao longo de seis anos. Em 1980, o presidente Valery Giscard D'Estaign vinculou a ampliação comunitária à solução de problemas internos da Comunidade Européia, entre estes: a política agrária; o seu financiamento; e. por fim, a geração de recursos próprios.

Em 1983 já estavam acertados todos os pontos, exceto os mais conflitantes: assuntos sociais, agricultura e pesca. Em janeiro de 1986, o Conselho Europeu chegou a um acordo sobre todos os pontos que provocaram a crise interna da CEE, deixando o caminho livre para a entrada dos dois novos membros. O acordo foi feito no dia 26 de março e o ingresso definitivo dos países ibéricos se deu em junho do mesmo ano.

3.4.4. Quarta Ampliação

No início de 1994 foi aprovada a quarta ampliação da Comunidade Econômica Européia, após solicitação de ingresso formulada por Áustria, Finlândia, Noruega (novamente) e Suécia. Nos meses seguintes, esses quatro países realizaram seus próprios referendos internos para aprovar seu ingresso. Exceto a Áustria, que aprovou com uma folgada maioria, os partidários do *sim* na Suécia e Finlândia ganharam por uma margem muito reduzida, enquanto que o *não* se impôs mais uma vez na Noruega, novamente por poucos votos. Assim, o projeto de uma União Européia de 16 membros teve que se conformar com somente 15. Esses três países ingressaram como membros definitivos em 1º de janeiro de 1995.

3.4.5. Quinta Ampliação

Em 1º de maio de 2004, e sem qualquer conflito no interior dos Estados-membros ou no âmbito da União Européia, a Europa dos Quinze passará a ser a Europa dos Vinte e Cinco por conta da adesão de Chipre, Eslováquia, Eslovênia, Estônia, Hungria, Letônia, Lituânia, Malta, Polônia e República Checa. As negociações de adesão foram concluídas com estes dez países candidatos em dezembro de 2002, em Copenhague. O Tratado de Adesão foi assinado em 16 de abril, em Atenas.

A intenção, de ordem econômica, de a Europa se tornar uma potência regional e mundial no jogo da globalização foi, sem dúvida, o principal fator que determinou a aceitação, pelos Estados-membros, desta nova ampliação. A mesma intenção foi o que motivou os novos integrantes a pleitear seu ingresso.

3.5. A Europa dos Doze

Grécia aderiu à Comunidade Européia em 1981 eEspanha e Portugal, em 1986, ampliando a CEE por praticamente toda a parte sul da Europa. A partir de então, a CEE passou a ser chamada de a Europa dos Doze. A Comunidade Econômica Européia, que durante seus primeiros anos havia se concentrado quase que exclusivamente em temas econômicos, deixando para o Conselho da Europa as questões culturais e sociais, já englobava o grosso da Europa Ocidental, propôs-se a empreender transformações profundas numa estrutura que se tornava cada dia mais complexa. Se até 1986 a Comunidade Européia havia sido, na sua essência, um organismo para a integração franco-alemã, a chegada de novos membros exigiu a introdução de novos mecanismos de gestão: empreendeu-se a tarefa de dotar a Comunidade Européia de uma nova estrutura política, com novas competências legislativas, também em matéria social e cultural.

A Ata Única Européia de 1986 reforçou consideravelmente os poderes da Comissão, destinada a converter-se em autêntico governo europeu. Ao mesmo tempo, criou-se o Fundo Social Europeu, destinado a incrementar a solidariedade entre os membros. Também implantou o mecanismo de maiorias relativas para aprovação das normas, em detrimento da necessária unanimidade exigida como regra até aquela data. Estas inovações, em grande parte decorrentes da posição dos governos britânico e dinamarquês, levou à concepção de uma Europa que se desenvolve a duas velocidades.

3.6. A União Econômica e Monetária Européia

O acordo alcançado em Madri no ano de 1989 estabeleceu o calendário e as fases pelas quais o processo de construção econômica da Europa deveria atravessar. Em virtude de tal acordo, os Estados-membros da CEE decidem preparar uma conferência intergovernamental sobre o tema.

A primeira fase previa o desenvolvimento de um Sistema Europeu de Bancos Centrais (SEBC); a segunda contemplava a instauração, em 1994, do Instituto Monetário Europeu (IME); e, finalmente, a terceira fase, prevista para 1999, previa a criação da moeda única. O desenvolvimento efetivo deste processo ficou sujeito à evolução de um conjunto de indicadores econômicos em cada um dos países-membros.

Em Hannover, no ano de 1988, foi criado um comitê de especialistas presidido pelo então presidente da Comissão, Jacques Delors, cuja missão era estudar as vias para a concretização da União Econômica e Monetária dos países-membros da Comunidade Européia.[120]

Apenas com a assinatura e ratificação do Tratado de Maastricht essa união monetária passou a ser considerada possível. Neste Tratado, de que nos ocuparemos a seguir, foi prevista a instituição do Sistema Europeu de Bancos Centrais (SEBC), cuja finalidade é, justamente, a de definir e executar a política monetária comum Européia, com o controle das reservas em divisas dos Estados-membros e pela realização das operações de câmbio. Esse Sistema é formado pelos bancos centrais de cada país-membro e também pelo Banco Central Europeu, também instituído pelo Tratado.

---

120 Dois feitos importantes na concepção dessa União ocorreram, um em junho de 1989, quando a peseta entrou no sistema monetário europeu, e o outro em outubro de 1990, quando a libra esterlina e fez o mesmo.

3.7. O Tratado de Maastricht

Na cidade da Maastricht, em fevereiro de 1992, foi firmado, pelos representantes dos doze Estados-membros da Comunidade Econômica Européia, o Tratado internacional, pelo qual foi aprovada, para entrada em vigor no ano de 1999, a união monetária e econômica *plena*, mediante a criação de um banco central único, uma só moeda, uma política social única (exceto para o Reino Unido, que se opôs às diretrizes da Comunidade neste ponto), bem como de uma política exterior e uma política de defesa comuns.

Sua ratificação pelos Estados-membros encontrou dificuldades apenas na Dinamarca, onde foi recusado por referendo em 1992 e aprovado, com algumas modificações e garantias, no ano seguinte.

O Tratado de Maastricht também inclui novas competências para a Comunidade, entre elas: maior esforço na proteção dos consumidores, política comum para a concessão de vistos de entrada; estratégia comum de proteção à saúde; desenvolvimento das redes de transporte; fixação contratual da cooperação ao desenvolvimento; política industrial; política cultural; fortalecimento da proteção ao meio ambiente e do desenvolvimento; política social (com exceção do Reino Unido), e cooperação em questões de política interna.

Esse Tratado também confere mais funções ao Europarlamento, como maior participação na legislação, e a obrigatoriedade de aprovação, pela Comissão Européia, de todos os tratados de importância. O acordo introduz, ainda, uma política exterior e de seguridade comuns.

A assinatura do Tratado de Maastricht, em 1991, reforça consideravelmente os poderes políticos dos organismos comunitários e introduz o princípio da subsidiariedade, estabelecendo uma coordenação direta entre a legislação comunitária, que se converte em obrigação para todos os Estados-membros, e as respectivas legislações nacionais.

O processo de ratificação desse Tratado foi extremamente difícil, pois coincidira com tempos da dura crise econômica da primeira metade da década de 1990. Os impasses havidos ao longo desse processo, especialmente na Dinamarca, na França e no Reino Unido, levaram a Comunidade Européia à sua pior crise desde a sua fundação. Não obstante, finalmente, após sua ratificação pelos referendos pelos povos dos Quinze, o Tratado de Maastricht consolidou todo o complexo histórico de unificação dos países europeus, iniciado quarenta anos antes, bem como relançou, de modo prospectivo, o projeto da União Européia.

3.8. A União Européia Ocidental

A União Européia Ocidental (UEO) é uma organização internacional européia, criada na Conferência de Paris (1954) pela Bélgica, França, Reino Unido, Países Baixos, Itália, Luxemburgo e Alemanha, e está fundada no Tratado de Bruxelas (1948). Coordena a política de defesa comum da União Européia. Pertencem à UEO todos os Estados-membros da União Européia, exceto Dinamarca, Grécia e Irlanda.

Seu antecedente mais próximo foi a Comunidade Européia de Defesa (CED), formalizada em maio de 1952 por Bélgica, Itália, Luxemburgo, França, Países Baixos e República Federal Alemã. O projeto estava pendente de ratificação pelos Parlamentos dos seis países, e foi a assembléia francesa a que mais se opôs a sua aprovação. A não-ratificação parlamentária da França deu fim à CED.

O Tratado de Maastricht conferiu um lugar especial à UEO no desenvolvimento progressivo da política exterior e de segurança comum da União Européia. Segundo o termos do Tratado de Maastricht, a cooperação entre a UEO e a OTAN[121] deve ser a mais estreita e transparente possível.

Os órgãos principias da UEO são o Conselho, a Assembléia e o Secretariado, cuja sede, que se encontrava até há pouco tempo em Londres, foi transferida para Bruxelas.

3.9. Ata Única Européia

A Ata Única Européia é um Tratado firmado em Luxemburgo em fevereiro de 1986 pelos 12 países que à época formavam a Comunidade Econômica Européia. Veio modificar diversos aspectos dos acordos de fundação da Comuniudade Européia (firmados em Roma em 1957) e contemplou também a entrada em vigor do mercado interior unificado em 1° de janeiro de 1993.

Este Tratado incluiu novas disposições quanto à necessidade de promover o desenvolvimento harmonioso e a ação comunitária para reforçar a coesão econômica e social entre os membros da Comunidade.

Os esforços se dirigiram em três áres: a *eliminação* das *fronteiras físicas*, suprimindo os controles ao tráfego intra-comunitário de mercadorias e a eliminação das formalidades aduaneiras; a *eliminação* das *fronteiras técnicas* e *administrativas* aos intercâmbios comerciais, e a *eliminação* das *fronteiras fiscais*, estabelecendo uma harmonização progressiva dos sistemas tributários dos Estados-membros.

---

[121] A OTAN (Organização do Tratado do Atlântico Norte) foi criada após o término da Segunda Guerra Mundial para o fim de organizar o sistema de defesa dos países da Europa ocidental.

Pela Ata Única, os Estados signatários buscam, ainda, a cooperação política mútua, por meio de um processo de informação, consulta e ação comum entre os Estados-membros em matéria de política exterior. Seu objetivo é potencializar a influência da Comunidade nos assuntos internacionais mediante a definição de um enfoque europeu único e coerente.

Os temas que são objeto de atenção da Cooperação Política Européia são, entre outros, Oriente Médio (petróleo) e o processo da Conferência de Segurança e Cooperação na Europa.

3.10. Espaço Econômico Europeu

Acordo internacional firmado em 1992 entre a Comunidade Européia e a Associação Européia de Livre Comércio (AELC), destinou-se a criar um espaço econômico comum, para integrar, nas estruturas comunitárias, os países da Associação Européia de Livre Comércio.

Por conta desse Tratado, os países da AELC que ainda não eram membros da Comunidade Européia (Áustria, Finlândia, Islândia, Liechtenstein, Noruega, Suíça e Suécia) iniciaram um processo de adoção de grande parte da normativa comunitária como passo prévio para o processo de unificação.

O Tratado do Espaço Econômico Europeu previa a integração de fato, aos mecanismos econômicos instituídos no âmbito da Comunidade Européia, de todos os países membros da AELC.

O processo de construção do Espaço Econômico Europeu sofreu, no final de 1992, um sério revés ao ser rejeitado pela Suíça, por referendo popular. De toda sorte, Áustria, Suécia, Finlândia e Noruega iniciaram negociações formais para integrar-se à União Econômica e Monetária. À época da assinatura do Tratado, A AELC era um dos sócios comerciais mais importantes da Comunidade Européia, com 10% dos intercâmbios totais.

O Espaço Econômico Europeu está integrado pela soma dos territórios dos Estados-membros da União Européia, onde a circulação de bens e serviços não está condicionada à existência de fronteiras políticas.

O estabelecimento do Mercado Comum implica a realização de quatro liberdades fundamentais: livre circulação de mercadorias, pessoas, serviços e capitais. A livre circulação de mercadorias supõe, de um lado, a supressão de obstáculos aos intercâmbios de bens dentro da Comunidade e, de outro, o estabelecimento de uma política exterior comum. A livre circulação de pessoas diz respeito tanto a trabalhadores assalariados quanto ao estabelecimento de pessoas jurídicas em outro país que integre o Mercado Comum. O conteúdo da livre circulação de serviços coincide com o direito de estabelecimento referido na prestação de serviços. A livre circulação de capitais implica a supressão das restrições aos movimentos de capitais pertencentes a pessoas que residam nos demais Estados do mesmo Mercado.

CAPÍTULO 4
O PROJETO DA CONSTITUIÇÃO EUROPÉIA

4.1 Considerações Iniciais; 4.2. Da Estrutura do Projeto da Constituição Européia; 4.3. O Preâmbulo; 4.4. (Re)Definição e Objetivos da União Européia; 4.5. Direitos Fundamentais; 4.6. Os Novos Caminhos da Cidadania e sua Dissociação da Nacionalidade; 4.7. A Cidadania Européia em Formação 4.8 .Repartição Constitucional de Competências na Constituição Européia; 4.8.1. Considerações Introdutórias; 4.8.2. Repartição de Competências: Base do Federalismo; 4.8.3. A Repartição de Competências na Constituição Européia; 4.9. Estrutura Institucional

4.1. Considerações Iniciais

Mesmo tendo-se em vista as advertências de HABERMAS, examinadas no capítulo 2, para o fato de que a construção da idéia de União Européia, muitas vezes, assume um sentido meramente funcionalista e econômico (mercado comum, euro etc.), devemos ter em vista a grandeza da contribuição das cartas constitucionais dos Estados integrantes da União Européia, como também a força de sua aplicação e procedimentos interpretativos, para pontuarmos que o desenvolvimento histórico da União Européia e de sua Constituição não precisa ser visto apenas sob o aspecto funcionalista. Tais experiências foram importantíssimas, como lembra Franz MERLI,[122] para formar o embasamento institucional da União Européia.

A esse quadro constitucional com organicidade, edificado em prol de um processo comum, somou-se o artigo 6 do Tratado da União Européia, consagrando os valores liberdade, democracia, Estado de Direito e respeito aos Direitos Humanos como comuns a todos os Estados-membros.

Não podemos omitir o fato que o próprio Tratado de Amsterdã (1997) não só referenda esses princípios e direitos, como também obriga que os novos Estados-membros da União Européia os incorporem. Com base nessas lógicas (quer econômica, quer jurídica-institucional), culminará, em meados de dezembro de 2001, a Declaração de Laeken, declaração esta que, como vimos, indaga sobre a finalidade do projeto europeu comum.

A Convenção Européia, responsável pela elaboração do atual projeto de Constituição européia, se desenvolveu em sessões contínuas durante um ano e meio, com a participação de 105 representantes dos 15 Estados-membros da

---

[122] MERLI, Franz. "Hacia una Constitución Comun Europea". *In* Revista de Derecho Comunitario Europeo, nº 9, ano 5, jan/jun2001, p. 243, Um aprofundamento desse sistema europeu constitucional encontra-se em GREWE, Contance e FABRI, Hélène Ruiz. *Droits Constitucionnels Européens*, Paris: PUF, 1995. Sobre a trajetória histórico-institucional da União Européia, vide BARAV, Ami e PHILIP, Christian (orgs.). *Dictionnaire Juridique des Communautés Européennes*. Paris: PUF, 1993.

União Européia e dos 10 que agora passam também a integrá-la.

Ou seja, a Constituição a ser promulgada decorre de uma assembléia constituinte instalada na forma de uma convenção, o que se apresenta como algo totalmente inovador[123] em relação aos atuais conceitos de convenção e de assembléia constituinte. Não obstante, já se afirmou que "o método eleito ... para levar a cabo o aprofundamento (da União Européia) é um método constituinte por meio da Convenção Européia, o que significa, sem dúvida nenhuma, uma inovação no processo político constitucional".[124]

Trata-se, desse modo, de um processo constituinte de caráter original. ALDECOA leciona nesse sentido:

> A inovação da convenção permite qualificar a qualidade da constituinte do processo que faz que hoje seja possível já falar da superação da metade diplomática da reforma dos Tratados. Peculiaridade do método da Convenção reside em sua natureza 'híbrida', tanto de conferência intergovernamental antecipada como parlamento constituinte.[125]

Michel ROSENFELD ressalta, ao comparar a Convenção Européia com a Convenção da Filadélfia de 1878, que reuniu em segredo os cinqüenta e cinco delegados enviados

---

[123] Tal processo apresentou outros aspectos inovadores, como a maior participação da sociedade civil decorrente de sua representação por meio de organizações nao-governamentais e discussões em mídia eletrônica.

[124] Op. cit., p. 23.

[125] Op. cit., p. 30, e vide, também, a revista Cités (Philosophie, Politique Histoire) n° 13, 2003 — Les Constituions Possibles de l'Europe — Figures Politiques de l'Europe. Paris: PUF, 2003.

dos treze Estados (Rhode Island recusou-se a enviar), que aquela delibera em público, de forma a reunir representantes dos governos nacionais, parlamentos nacionais, as instituições da União e do Parlamento europeu, assim também as organizações não-governamentais representando a sociedade civil de modo altamente pluralista. Segundo esse autor, as atividades da Convenção foram largamente difundidas, por meios eletrônicos como a mídia e a Internet.[126]

Devemos registrar, nessa análise, a ponderação de Robert BADINTER[127] no sentido de que não se deve abusar do termo *convenção*, rico de ressonâncias históricas. A convenção não poderia, segundo esse autor, ser compreendida como uma constituinte, mas tão-somente na qualidade de uma assembléia consultiva. Por seu turno, José Martin y Perez de NANCLARES, observa, considerando as peculiaridades já levantadas por ALDECOA em torno do poder constituinte da Convenção, que este se trataria de um poder constituinte *sui generis*.[128]

De fato, é recente a idéia de conferir poder constituinte para a categoria da *convenção*,[129] algo que começa a ser

---

126 ROSENFELD, Michel. "La Convention Europeénne et l'Oevres des Constituants Américains."*In* Cités, *op, cit.*, p. 51. ALDECOA, como já mencionado anteriormente, indica esse processo como um exemplo de espaço público. É importante destacar, ainda, que o próprio ROSENFELD lembra a relevância desse espaço público no sentido de harmonizar os vários níveis de democracia existentes na Europa.
127 BADINTER, Robert. *Une Constitution Européene*. Paris: Fayard, 2002, p. 19.
128 *Cf.* p. 532 do artigo de NANCLARES, J. Martin y Perez de. "El Proyecto de Constitución Europea: Reflexiones Sobre lôs Trabajos de la Convención." *In* Revista Derecho Comunitario Europeo, n° 15, ano 7, mai/ago 2003, pp. 527-572.
129 A categoria *convenção*, por exemplo, sequer consta do *Dictionnaire Juridique des Communautés Européennes* como verbete. Esse termo

desenvolvido em 2001, quando da elaboração da Carta dos Direitos Fundamentais da União Européia. A Declaração de Laeken, como já foi referido no corpo desta obra, conclama a necessidade de buscar uma saída institucional para a União Européia.

Bruce ACKERMAN entende que essa saída institucional já existe. Em artigo recente,[130] ele nos remete à fundação dos Estados Unidos e compara o início daquele federalismo ao atual momento do constitucionalismo europeu.

> *A história do início da América revela as ambigüidades características do cenário federalista. Em 1781, todos os treze Estados que assinaram os artigos da Confederação, prometendo que eles 'serão inviolavelmente observados por cada Estado e a União será perpétua'. Teria esse documento sido um tratado ou uma Constituição? Alguns disseram uma coisa, outros, a outra. Embora a promulgação da famosa Constituição de 1787 deslocou o equilíbrio para algo distante de um documento em forma de tratado, grandes ambigüidades permaneceram e abriram um debate corrente. Em 1860, a rejeição da União pelos sulistas estava aberta a duas interpretações — ou era a secessão ou a denúncia do tratado de 1787. A questão não foi decidida pela vitória pela União durante a guerra; se o Presidente Andrew Johnson venceu sua batalha épica com seus antagonistas do congresso, a interpretação de tratado poderia ter sobrevivido após a Guerra Civil. Somente com a ratificação da XIV Emen-*

---

só aparece no mencionado dicionário para se referir a reuniões visando ao aceito de *acordos internacionais*, de modo que jamais se assemelhara a assembléias de representação popular.

130 ACKERMAN, Bruce. "The Rise of World Constitutionalism." *In* Virginia Law Review nº 83, 1997, pp. 771-797.

> da, sob protesto dos brancos do sul, é que finalmente deslocou-se o equilíbrio decisivamente no sentido do entendimento constitucional.
> ...
> Uma conjunção similar dos dois cenários está visível hoje na Europa. O Tratado de Roma, como os Artigos da Confederação, foi negociado e aprovado por Estados soberanos sem qualquer dos plebiscitos e convenções constitucionais que caracteristicamente acompanham um 'novo começo'. Sobre a próxima geração, entretanto, o tratado foi convertido (na maior parte pelos juízes) em um documento mais parecido com uma Constituição. Este processo de constitucionalização foi, por sua vez, adiantado pela resposta ao Tratado de Maastricht — cujo destino foi grandemente determinado pelo referendo francês para a sua adoção. Como na América de 1787, o destino constitucional da Europa não ficou por muito tempo sendo resolvido por uma pequena elite política negociando um tratado clássico; foi transformado em uma questão de debate político de massa, e teve seu foco na decisão popular.

Com base na experiência da Carta dos Direitos Fundamentais, o processo de convenção foi por decorrência aplicado na elaboração do projeto da Constituição-tratado européia. Não obstante, reiteramos que a convenção se reveste de um caráter de poder constituinte, no qual tanto a sociedade civil européia, pela expressão da cidadania, quanto os Estados-membros, encontram-se representados para a formação da Constituição européia.

A convenção responsável por concretizar o citado projeto constitucional indica, claramente, que o seu resultado não se limita a ser apenas um tratado de natureza supranacional. Por conseqüência, o projeto da Constituição, sob a denominação de "Constituição- tratado", demonstra a sua dupla inserção, a saber: (1) resulta da vontade dos Estados integrantes, e (2) constitui uma comunidade politico-jurídica.

Nosso estudo, por inúmeras vezes, sustenta a tese da aproximação do perfil da convenção aplicada no projeto da Constituição européia com o da Convenção da Filadélfia de 1787, foro em que foi promulgada a Constituição norte-americana. Assim, novamente afirmamos: a fundação do constitucionalismo europeu deste início de século XXI apresenta traços muito próximos aos marcos fundadores do constitucionalismo norte-americano do final do século XVIII.

4.2. Da Estrutura do Projeto da Constituição Européia

Em que pese o fato de as origens possuírem traços similares, o projeto constitucional europeu difere do modelo de documento constitucional pós-1945, em que o grande destaque é dado no aspecto formal organizativo para os Direitos Fundamentais. No projeto estudado por nós, o foco recai na estrutura e na organização da União Européia como ente supranacional.

A Europa apresenta, historicamente, uma contribuição importantíssima num novo formato de federalismo. No entanto, tal processo não seria, na verdade, uma responsabilidade exclusiva do quadro europeu. Em realidade, a própria natureza do federalismo, pela sua dinâmica institucional, possibilita uma variedade de mecanismos político-administrativos.

Assim, o federalismo *assimétrico* (experiência encontrada, também, no Canadá) é uma concepção que frutifica no espaço europeu no final dos anos setenta. Temos, como exemplos mais marcantes, o regime das autonomias na Espanha, que modelam um processo de assimetria das competências de cada estado autônomo, e as mudanças operadas no Estado belga, nos anos noventa, com a inclusão de um reconhecimento de uma diversidade lingüística e cultural. Porém, a marca mais presente de federalismo assimétrico é a própria construção da União Européia, especialmente com o advento do Tratado de Maastricht (1992).

Assim, quando o projeto da Constituição européia concebe um conjunto de procedimentos em vários campos (*e.g.*, unificação monetária, políticas de segurança comum e de direitos humanos) de natureza *multinível*, terá um reflexo lógico e natural para a consolidação da assimetria no ente denominado União Européia.[131]

De todo modo, a futura Constituição européia está estruturada na forma de um documento escrito composto de quatro partes (cinco, se considerarmos o Preâmbulo), a saber:

Preâmbulo. Como veremos, ele tem suma importância nesse projeto, especialmente para indicar a identidade e o papel da civilização européia;
Parte I. A Primeira Parte, composta de nove Títulos, fixa a arquitetura constitucional. Ela institui a União,

---

131 Vale lembrar que, no mês de janeiro de 2004, a República Federal Alemã instalou uma Comissão paritária para reformar profundamente o seu modelo de federalismo cooperativo, tido até então como exemplar. Por fim, conclui-se que a assimetria embutida, como já mencionamos, no corpo da União Européia, aperfeiçoada por essa perspectiva multinível, é um indicador passível de ser seguido por outras entidades estatais, inclusive por um dos seus maiores integrantes, a Alemanha. Sobre a Comissão paritária Alemã, vide publicação no periódico *El País*, artigo de José Comas. *Alemania Debate la Reforma de su Sistema Federal. Cf.* edição de 24 de janeiro de 2004, p. 5.

enuncia seus valores, seus objetivos e lhe confere personalidade jurídica (*Título I*); proclama igualmente os direitos fundamentais e a cidadania (*Título II*); reparte as competências da União em competências exclusivas e lhe dá competência para coordenar as políticas econômicas dos Estados-membros e definir uma política de defesa comum (*Título III*); define as instituições da União Européia (*Título IV*); os instrumentos jurídicos e políticos comuns (*Título V*); os princípios democráticos do funcionamento da União (*Título VI*), os princípios orçamentários (*Título VII*), a ação da União frente aos países vizinhos (*Título VIII*), e as regras de adesão, exclusão e recesso (retirada) dos Estados-membros (Título IX).

Parte II. A Segunda Parte incorpora a Carta Européia dos Direitos Fundamentais como proclamada na reunião de Nice, em dezembro de 2000. Dessa forma, a Constituição européia consolida a jurisprudência comunitária inspirada na Convenção Européia dos Direitos do Homem (1950) e nas tradições constitucionais;

Parte III. A terceira parte, que não foi incluída no projeto apresentado na reunião de Tessalônica de 20 de junho de 2003, tem como objetivo disciplinar as políticas e ações da União Européia tais como: mercado interno; política monetária e econômica; segurança interna etc..

Parte IV. A última parte, que compreende as habituais disposições gerais de um documento normativo de natureza de Tratado constitucional (procedimento de revisão, ratificação etc.).[132]

---

132 *Cf.* LEFEVRE, Maxime, "Quel Avenir pour l'Union Européenne." *In* MONTBRIAL, Thierry e DEFARGES, Philippe Moreau (orgs.). *Les Grands Tendances du Monde 2004*. RAMSES (Rapport Annuel Mon-

O que nos interessa, por conta deste estudo, está contido nas disposições do Preâmbulo e, notadamente, das Partes I e II do projeto da Constituição européia. É fácil perceber que essas duas Partes apresentam uma preocupação de natureza político e filosófica. Acreditamos que os resultados dessas análises possibilitarão que respondamos a certos questionamentos apresentados no segundo capítulo deste trabalho.

4.3. O Preâmbulo

Peter HÄBERLE lembra a importância dos preâmbulos constitucionais enfatizando que estes "exigem uma linguagem 'própria' com um 'limite próprio'".

Seguindo a sustentação de sua relevância, encontramos o pensamento de Javier TEJADA,[133] cuja tese afirma que os preâmbulos têm, assim, um valor normativo indireto, enquanto o intérprete pode obter a norma valendo-se tanto das disposições dos artigos ou cláusulas como as do preâmbulo. Em outras palavras, para o autor, os preâmbulos cumprem uma função de síntese; apresentam ainda um papel ideológico; e por fim, um fator simbólico, como, por exemplo, de integração nacional.[134]

Conforme observa Armim von BOGDANDY,[135] os

---

dial sur le Système Économique et les Stratégies), Paris: Ifri, 2003, pp. 77-92.

133 HÄBERLE, Peter. *El Estado Constitucional. Op. cit.*, p. 83.

134 TEJADA, Javier Tajadura. Estudio Preliminar: Valor Jurídico y Función Política de los Preámbulos Constitucionales. *In* DEL MORAL, ANTONIO Torrea y TEJADA, Antonio Tajadura. *Los Preámbulos Constitucionales en Ibero America.* Madrid: Centro de Estudos Políticos Constitucionales, 2001, p.19.

135 Leciona Borgandy a respeito do significado de preâmbulos: "Preâmbulos — na medida em que eles são encontrados nos textos

preâmbulos de tratados internacionais se caracterizam como sendo longos em relação às Constituições nacionais. Tal fato ocorre como no sistema comunitário europeu, porque os preâmbulos cumprem uma outra função, a saber, dirimir a natureza jurídica dos entes instituídos.

Para delimitar o Preâmbulo da futura Constituição européia, é necessário compará-lo com aqueles existentes nos textos fundamentais da Comunidade Européia, tais como o Tratado de Roma (1958) e o Tratado de Maastricht (1992).[136]

O preâmbulo do Tratado de Roma objetiva a consagrar "o equilíbrio nas trocas comerciais e a lealdade de concorrência". Há aí, um nítido sentido de defesa de uma política comercial. Outro aspecto importante que encontramos é a preocupação em reduzir as desigualdades entre as diversas regiões e elevar o nível de conhecimento de seus povos, por intermédio de um vasto acesso à educação.

---

constitucionais — são a parte que mais claramente expressam convicções, experiências ou aspirações. Parece seguro dizer que não há homogeneidade constitucional entre as Constituições dos Estados-membros em relação a preâmbulos; tampouco um amplo entendimento europeu sobre o que deveria ser parte de um preâmbulo constitucional. Os atuais preâmbulos das constituições nacionais, ao contrário, mostram a diversidade existente na Europa. Eles são, contudo, usualmente curtos, o maior deles o português, com seis parágrafos. Preâmbulos de tratados internacionais, por outro lado, são usualmente longos. A tendência da compreensão institucional dominante acerca da União Européia é de algo entre organizações internacionais e Estados ou um *tertium* em relação àquelas duas formas de organização políticas poderia encontrar expressão em uma solução intermediária com relação a seu comprimento." BOGDANDY, Armin von. "The Preamble." *In Ten Reflections on the Constitutional Treaty for Europe. Op. cit.*, p. 4.

136 Nesse sentido *cf.* CARULLA, Santiago Ripol. *La Unión Europea en transformación: El Tratado de la Unión Europea en el proceso de Integración comunitaria.* Madrid: Ariel Derecho, 1995.

Em 1992, o preâmbulo do Tratado de Maastricht reitera "o seu apego aos princípios de liberdade, da democracia, do respeito aos direitos do homem e liberdades fundamentais". Por força desse tratado, foi instituída uma "união" sem, contudo, definir propriamente a sua natureza. Sustenta, ainda, o princípio da realização do mercado interno e a disposição de instituir uma cidadania comum.

Quanto ao Preâmbulo da futura Constituição Européia, este apresenta, logo no seu início, um certo impasse: em nome de quem se fala? BOGDANDY nos lembra essa indagação e destaca que, se o novo tratado pretende ser uma Constituição, seria inapropriado se expressar em nome dos chefes de Estado, parlamentares nacionais etc.. Daí a decisão de redigir o preâmbulo no sentido que a Constituição expressaria a vontade dos *povos europeus*.[137]

O Preâmbulo do mencionado projeto constitucional europeu procura traduzir, também, uma significativa identidade cultural (ou pelo menos fazer acreditar nessa identidade), quando declara ser a Europa "um continente portador de uma civilização" com respeito à razão, passando uma idéia de um continente aberto à cultura e desejos de aprofundar o caráter democrático e transparente de suas instituições. Um ponto fundamental é o reconhecimento de uma *unidade na diversidade*, assumindo uma posição definitivamente pluralista. Segue igualmente a linha do constitucionalismo americano do século XVIII ao afirmar seu compromisso com as gerações futuras.[138]

---

[137] Cabe sublinhar que, voltando ao capítulo II com as observações de GRIMM, não há de fato qualquer delimitação nítida para o entendimento dessa concepção de *povos europeus*.

[138] Balizamos nessa parte as criticas tecidas no capítulo 2 por KLABBERS e LEINO no sentido de que a Constituição européia se traduz num um consenso fugaz e formal. Nesse sentido, esta não teria nenhuma legitimidade para se impor às gerações futuras.

O preâmbulo completa-se com a o Título I da Parte I, com as definições e objetivos da União Européia, que examinaremos a seguir.

4.4. (Re)Definição e Objetivos da União Européia

O artigo I-1 da Constituição européia estatui que a União Européia é o resultado tanto de uma inspiração da vontade dos cidadãos como dos Estados da Europa. Tal definição se apresenta contraditória em relação ao Preâmbulo pois, no mínimo, enfraquece a concepção de *povos europeus* declarada neste. Cria-se assim um impasse quanto a saber se esse ente supranacional é mais o resultado da vontade dos cidadãos que dos interesses governamentais dos Estados-membros.

O outro aspecto desse conflito é percebido quando a Constituição, ao disciplinar a finalidade da União Européia, determina que esta se limita mais *a coordenar* as atividades dos Estados-membros, o que contraria frontalmente a idealização clássica de *Federação* (conceito segundo o qual a relação entre a União e os Estados-membros é pautada mais por um certo princípio de hierarquia). A idéia de coordenação, nesse sentido, aproximaria a União Européia do conceito de entidade confederada.

No artigo I-2 consagra-se o núcleo do valor dos Direitos Fundamentais e de democracia oriundo do legado de pós-1945, conforme a nossa preocupação expressa no capítulo 1 deste trabalho. Nesse sentido, podemos afirmar que, em relação à proteçao aos direitos fundamentais e ao respeito ao pluralismo democrático, tais valores desenvolvidos ao longo da segunda metade do século XX são consolidados pelo projeto de Constituição européia, muito embora ainda não sejam entendidos como a parte essencial dessa carta política.

No artigo I-3 estão dispostos os objetivos da União. Entre esses destacamos, fugindo dos padrões clássicos de declaração de harmonia entre capital e trabalho, uma expressão mais contemporânea e mais própria a uma sociedade complexa, no sentido de buscar o desenvolvimento num ambiente de "economia social e de mercado altamente competitivo". É uma referência óbvia a um quadro internacional globalizado.

A noção de desigualdade regional é normatizada como "coesão econômica, social e territorial e solidária entre os Estados-membros" pela sua importância.

Sejam os *povos europeus*, sejam os governantes dos Estados-membros, eles têm consciência de que a União é, do ponto de vista econômico, a alternativa mais clara de manutenção de seus mercados internos e de defesa da Europa contra os demais atores econômicos do mercado internacional. Assim, e lembrando a tese *funcionalista* quanto ao aspecto econômico de HABERMAS, conforme indicado no capítulo 2, a União Européia serve a função econômica de desenvolver a economia européia e de protegê-la de modo compacto (*i.e.*, de modo *solidário*) num ambiente de mercado que lhe foge ao controle. A coesão social e a eliminação das desigualdades regionais são, desse modo, entendidas como partes de um sistema de proteção contra a competição do mercado globalizado.

Cabe também discutir a questão ambiental contida nesse dispositivo em parte já examinado por nós.

Art.I 3.2: Objetivos da União
A União empenha-se no desenvolvimento sustentável da Europa, assente num crescimento econômico equilibrado numa economia de mercado altamente competitiva que tenha como meta o pleno emprego e o processo social, e num elevado nível de proteção e de melho-

ramento da qualidade do ambiente. A União fomenta o processo cientifico e tecnológico.

A Conferência das Nações Unidas sobre Meio Ambiente — CNUMAD, em 1992, no Rio de Janeiro — ECO 92, produziu um documento denominado Agenda 21 que, muito mais que um programa de ação, é um processo de planejamento participativo. Diferentemente da Conferência de Estocolmo, acontecida 20 anos antese orientada tãosomente para o desenvolvimento, a Agenda 21 é considerada uma agenda de desenvolvimento sustentável.

Os principais problemas que desafiam o desenvolvimento sustentado, no entendimento de José Galizia TUNDISI e Dionísio da SILVA[139] são:

> redução da pobreza, duplicação da produção de alimentos, aumento e diversificação da produção de energia, abastecimento e disponibilização de água de qualidade boa e de condições satisfatórias para a vida nas regiões urbanas.

Essa mudança de paradigma, baseada na urgência ambiental, reflete-se nos objetivos traçados nesse Projeto de formação da União Européia. A urgência do paradigma ambiental, que busca sustentação em novas categorias as quais reconhecem a sociedade em risco,[140] estabelecendo objetivos que visam ao enfrentamento desses desafios, firma-se como *núcleo duro* da construção desse novo modelo de pessoa política.

---

139 TUNDISI, José Galizia, SILVA, Dionisio da. Apresentação *In* SATO, Michele, SANTOS, José Eduardo dos (orgs.). *Agenda 21: em Sinopse*. São Carlos, SP:EdUFSCar,1999, p. 9.
140 BECK, Ulrich. *La Sociedad del Riesgo. Op. cit.*, p.11.

O desenvolvimento sustentável, objeto do capítulo 7 da Agenda 21, remete-nos à problemática decorrente do processo de urbanização e a conseqüente pressão ambiental: explosão demográfica e êxodo rural. As cidades não são planejadas para o mínimo de sustentabilidade, uma vez que a lógica de mercado (o que inclui o mercado imobiliário) é excludente, e cerca de 60% do PNB[141] é produzido em regiões urbanas.

Ao tratar do futuro da humanidade e do futuro da natureza, Hans JONAS[142] aponta como sendo o primeiro dever de comportamento humano coletivo, na era da civilização técnica, o futuro dos próprios homens. Para que isto ocorra, o filosofo alemão defende que, como o futuro da natureza é umbilicalmente ligado ao futuro da humanidade, a sobrevivência desta depende da boa qualidade daquele. Afirma, ainda, que além de ter se tornado um perigo para si mesmo, o homem tornou-se um perigo para toda a biosfera.

JONAS entende que há a necessidade de uma reflexão da teoria ética sobre a natureza enquanto responsabilidade humana. Neste sentido, o pensador indaga:[143]

> Que classe de obrigação atua nela? Trata-se de algo mais que um interesse utilitarista? Trata-se simplesmente da prudência que nos proíbe de matar a galinha dos ovos de ouro ou cortar o galho sobre o qual alguém está sentado? Mas quem é esse "alguém" que está sentado nele e talvez caia no vazio?

---

141 SATO, *op. cit.*, p.29.
142 JONAS, Hans. *El Principio de Responsabilidad: Ensayo de una Ética para la Civilización Tecnológica*. Trad. para o espanhol de Javier Maria Fernandez Retenega. Barcelona: Herder, 1995, p.227.
143 *Ibidem*, p. 33.

Essa dependência do homem em relação ao estado da natureza reflete-se no projeto de Constituição desta nova pessoa política que se vem delineando ao longo dos últimos tempos. A necessidade econômica que impulsionou a formação do "bloco europeu" na defesa de interesses comuns dos europeus revela a necessidade desta mudança de paradigmas que reflete as preocupações humanas com esta *sociedade de risco* (BECK) na qual vivemos.

Traçar uma política comum de proteção ambiental e de desenvolvimento sustentado, muito mais que um objetivo econômico, é uma constatação de formação de pensamento único que garanta o aprimoramento sócio ambiental. BECK[144] aponta que qualquer leitor de periódicos ou telespectador maduro bem sabe que, nas sociedades industriais, a contaminação do ar, da água, do solo, das plantas e dos animais não conhece fronteiras. Daí a necessidade da implementação de políticas públicas que reconheçam esta realidade e estabeleçam normas a serem seguidas em bloco.

Completam-se esses objetivos com uma visão kantiana cosmopolita para a União Européia, por exemplo, com respeito ao desenvolvimento do direito internacional, notadamente com o acatamento aos princípios da carta das Nações Unidas.

Destacamos, ainda, o dispositivo do artigo I-5, no quala verdade se constrói por meio de uma perspectiva jurídico-institucional de repartição compartilhada de soberania dentro de um *princípio de cooperação leal* em caráter mútuo.

A respeito do resultado da natureza jurídica dessa repartição compartilhada de soberania, leciona NANCLARES:

---

144 BECK, Ulrich. *La Sociedad del Riesgo Global*. Trad. para o espanhol de Jesús Alborés Rey. Madrid: Siglo Veintiuno, 2002, p.36.

São numerosíssimas as aportações que já antes de que a convenção apresenta-se seu projeto de Constituição européia tratavam de explicar as peculiaridades da União desde uma perspectiva de inspiração nitidamente federal, se bem com particularidades diferenciais em cada autor, que permitam manter muitas variadas propostas das quais, como temos desenvolvido em outra sede, parece particularmente pertinente ao federalismo supranacional."[145]

O título primeiro culmina com a consagração definitiva do reconhecimento da personalidade jurídica da União Européia (artigo I-6). Quanto ao intenso debate em torno da personalidade jurídica da União européia, NANCLARES desdramatiza:

Trata-se, em seu conjunto, de uma questão técnico-jurídica que verdadeiramente constitucional é de fato, poderia considerar-se superdimensionada a relevância política que se tem concedido a este tema. Dificilmente se pode sustentar, com o mínimo de solução cientifica, que conferir personalidade jurídica à União suporia a criação de um "Super Estado" Europeu.[146]

4.5. Direitos Fundamentais

O projeto da Constituição européia optou por um de-

---

[145] NANCLARES, Jose Martin y Peres de. *Op. cit.*, p. 533. Merece destaque a nota 21 dessa mesma p. 533, em que encontraremos outras denominações para essa atipicidade de federalismo. Por exemplo, depara-se com a de ALDECOA (*op.cit.*), de um federalismo intergovernamental e ainda citado por NANCLARES, de um federalismo internacional (A. Mangas Martin e D.J. Linán Nogueiras).
[146] Ibidem, p. 541.

senho original a respeito dos direitos fundamentais. Não há, propriamente, um catálogo desses direitos na Parte I. De fato, pontua-se a sua consagração nos valores na questão da liberdade e no artigo I-8 referentes à cidadania e à representação política, a ser examinada no próximo item. Entretanto, o que é de suma relevância para compreensão do futuro sistema europeu de proteção dos Direitos Fundamentais[147] é um determinado dispositivo constitucional. Nessa linha, é central para nós analisarmos o artigo I-7, em especial, os seus itens 2 e 3, que dispõem :

Art. I.7: Direitos Fundamentais
2 — A União procurará aderir à Convenção Européia para a Proteção dos Direitos do Homem e das Liberdades Fundamentais. A adesão a esta Convenção não altera as competências da União tais como definidas na presente Constituição.
3 — Os Direitos Fundamentais, tal como os garante a Convenção Européia para a Proteção dos Direitos do Homem e das Liberdades Fundamentais, e tal como resultam das tradições constitucionais comuns aos Estados-membros, fazem parte do direito da União como princípios gerais.

Françoise TULKENS e Johan CALLEMAIN lecionam a respeito dos problemas atinentes a essa normatividade:

Além disso, a CJCE seguiu amplamente, quando possível, a interpretação da CEDH dada pela Corte Européia de Direitos Humanos. Ela demonstrou dessa forma claramente, a importância de uma interpretação

---

[147] Que é baseado no atual sistema europeu de proteção aos Direitos do Homem.

coerente e uniforme dos direitos fundamentais na Europa, não obstante o dualismo Jurídico e Jurisdicional Europeu.[148]

Esse dualismo jurídico e jurisdicional se agravou quando, em dezembro de 2000, na reunião de Nice, foi aprovada a carta dos Direitos Fundamentais. Vale lembrar um dado registrado por Juan Antonio CARRILLO Salcedo anterior a essa referida aprovação final:

> Todas estas razões contribuem a reabrir o tema da adesão das Comunidades Européias ao Convênio Europeu de Direitos Humanos, e daí a importância da proposta da Finlândia em 22 de setembro de 2000 no seio da Conferência Intergovernamental na ordem de atribuir competências à Comunidade Européia, para proceder tal adesão como via para eliminar os temores de que a Carta dos Direitos Fundamentais criaria uma nova linha de demarcação no interior da Europa.[149]

A questão que desse modo se colocou, vencida a proposta, como convencionaram agora, os dois sistemas da

---

148 TULKENS, Françoise e CALLEMAIN, Johan. "A Carta dos Direitos Fundamentais da União Européia: o Ponto de Vista de uma Juíza da Corte Européia de Direitos Humanos." *In* PIOVESAN, Flavia (org.) *Direitos Humanos, Globalização Econômica e Integração Regional: Desafios do Direito Constitucional Internacional.* São Paulo: Max Limonad, 2002, pág.184. Vide, também, LLORENS, Montserrat di. *Los Derechos Fundamentales en el Ordenamiento Comunitario.* Barcelona: Ariel Derecho, 1999.

149 CARRILLO Salcedo, Juan Antonio. "Notas sobre el significado político y jurídico de la carta de los Derechos Fundamentales de la Unión Europea." *In* Revista de Derecho Comunitario Europeo n° 9, *op. cit.*, p. 24.

Corte de Justiça da Comunidade Européia (CCJE, Tribunal de Luxemburgo) tendo como base a Carta dos Direitos Fundamentais e a Corte Européia dos Direitos do Homem (CEDH, Tribunal de Estrasburgo) fundamentada na Convenção Européia dos Direitos do Homem. (1950). Nessa ocasião, TULKENS e CALLEMAIN defenderam que se materializaria, naturalmente, um pluralismo jurídico.

Num outro ponto, fora dessas esferas de convivência dos sistemas jurídicos de proteção dos Direitos do Homem no âmbito europeu, CARRILLO tece a seguinte observação quanto à natureza vinculante da carta dos Direitos Fundamentais:

> Por si mesmo, é muito mais que com um conjunto de exortações morais e políticas, meramente programáticas, pois é um instrumento de inegável relevância jurídica que fixa critérios para valorar a legitimidade da atuação de todos poderes públicos no âmbito da União Européia. Daí que, inclusive, tendo sido só proclamada e não incorporada aos tratados, irá operar na Jurisprudência do Tribunal de Justiça das Comunidades Européias como uma espécie de Carta Constitucional, em que condensa e expressa as tradições constitucionais comuns dos Estados-membros e os princípios gerais do Direito Comunitário em matéria de Direitos e Liberdades fundamentais.[150]

Contudo, outra solução foi dada pelo projeto de Constituição européia. Um dos passos de encaminhamento de problema foi de integrar a Carta de Direitos Fundamentais (2002) à sua Parte II. O outro direcionamento ocorreu

---

150 Ibidem, p. 25.

quando, no item 2 (parágrafo) do artigo I-7, mencionado por nós anteriormente, encontramos a recomendação da União Européia de aderir à Convenção Européia dos Direitos do Homem. Tal indicativo vem referendar o que ALDECOA,[151] seguindo as lições de Lucia Serena ROSSI, tipifica como modelo europeu multinível e de multivelocidade.[152]

No caso dos Direitos Fundamentais, é evidente esse processo no qual se integram desde o juiz nacional de primeira instância até o tribunal constitucional de um dos Estados-membros e podendo alcançar, por exemplo, a própria corte de Estrasburgo.

Quanto ao artigo I-7, no seu item 3, deparamos também, com um bloco de constitucionalidade muito próximo ao espírito do artigo 5°, parágrafo I da Constituição brasileira de 1988. Assim, os direitos garantidos pela Convenção Européia dos Direitos Humanos e as tradições constitucionais comuns aos Estados-membros constituem-se, então, em princípios gerais.

O aprofundamento desse núcleo norteador projeta-se na Parte II de citado projeto constitucional, reforçando noções como a da dignidade humana. O artigo II-3 é original em relação à Convenção Européia dos Direitos do Homem

---

151 ALDECOA, *op. cit.* p. 52, nota 16, e pp. 158 a 160.
152 A noção de bloco de constitucionalidade pode ser definida como "a expressão que designa o conjunto de princípios e regras de valor constitucional do qual o respeito se impõe tanto ao Poder Legislativo como ao Poder Executivo, e de uma maneira geral a todas as autoridades administrativas e jurisdicionais assim, bem certo, aos particulares". Tal construção original deve-se ao Conselho Constitucional francês em 1974. Vide DUHAMEL, Olivier e MÉNY, Yves. *Dictionaire Constitutionnel.* Paris: PUF, 1992, pp. 87 a 89. Vide, também, FAVOREAU, Louis e LLORENTE, Francisco Rubio, *El Bloque de la Constitucionalidad.* Madri: Civitas, 1991.

por delimitar o direito à integridade da pessoa notadamente no aspecto físico e mental. Na verdade, esse dispositivo normatiza um controle ético-jurídico sobre a medicina e biologia.

Verifica-se que o Título I da Parte II, denominado *dignidade*, não está distante das concepções constitucionais e internacionais já consolidadas a respeito desse tema.

No tocante ao próximo Título, sob a denominação de *solidariedade*, o projeto inova ao mencionar, no artigo II-28, o direito do cidadão europeu de aceder a um serviço público gratuito de recolocação de trabalho.

Quanto ao Título V, referente à cidadania, mencionaremos o artigo II-41 o direito a uma boa administração pública.

O Título VI da Parte II é dedicado ao acesso à justiça. Na medida da Convenção Européia dos Direitos do Homem, esse dispositivo aparece ao longo do seu artigo 6° como direito a um processo eqüitativo.

4.6. Os Novos Caminhos da Cidadania e sua Dissociação da Nacionalidade

Neste item deste estudo, examinaremos o artigo I-8 e, em seguida, o artigo II-39 da Constituição européia. Para tanto, inicialmente e a título de reflexão, serão destacados os aspectos clássicos das categorias atinentes à cidadania como é o caso da nacionalidade. Lembramos, também, as considerações de Luis Maria DÍEZ-PICAZO sobre este tema.[153] Esse jurista espanhol adverte para o fenômeno da desvalorização da categoria *cidadania*. Segundo DÍEZ-PICAZO, esse processo iniciou-se com o pensamento de

---

153 DÍEZ-PICAZO. Op. cit.

Marshall, que deu à cidadania uma conotação política. Podemos depreender que a concepção de cidadania desse constitucionalista espanhol se vincula a uma percepção jurídica mais bem definida, que é a noção de nacionalidade.[154]
A nacionalidade está relacionada ao território e ao poder do Estado. Sem Estado, não há que falar em nacionalidade, no entanto, o vínculo entre a cidadania e o Estado-Nação vem perdendo força diante do avanço de instituições supranacionais, como no exemplo contundente da União Européia, e pela crescente importância da dimensão econômica e social da vida moderna. Assim, a noção de cidadania clássica vem sendo transformada. Liszt VIEIRA diz que "além da identidade cívica há outras identidades no território nacional". No entanto, o enfraquecimento do Estado-Nação se refere basicamente a sua capacidade de elaborar e decidir políticas de forma autônoma:

> ... a soberania nacional está em processo de esvaziamento, não apenas pela criação de instituições supranacionais, mas também pela multiplicidade de filiações e de identidades decorrentes do deslocamento das populações. As populações estrangeiras querem permanecer fieis à cultura e à nacionalidade de origem, mas participando da sociedade onde se instalaram. Isto se torna possível com a ruptura do elo entre nacionalidade enquanto comunidade cultural e cidadania enquanto participação política.[155]

---

154 *Op. cit.*, p. 44.
155 VIEIRA, Liszt. "Entre a Terra e o Céu: A Cidadania do Nacional ao Global." *In* ANONNI, Danielle (org.). *Os Novos Conceitos do Novo Direito Internacional: Cidadania, Democracia e Direitos Humanos.* Rio de Janeiro: América Jurídica, 2002, p. 399.

4.7. A Cidadania Européia em Formação

Dois princípios significativos orientam a nacionalidade: O político e o jurídico. O principio político trata do laço entre o indivíduo e o Estado, e não se deve confundir Estado com nação. Poucos conceitos oferecem tantas dificuldades quanto o de Nação, no entanto uma posição é pacifica entre os estudiosos do tema: A Nação aparece como um grupo humano que possui certa homogeneidade cultural. Como entende Irineu STRENGER, "Nação é um estilo, um estilo de vida coletiva nessa linha, a nacionalidade como sentimento de pertencimento é uma mentalidade, não há como impô-la."[156]

A pergunta que se faz então é: em que consiste o vínculo da nacionalidade? Para STRENGER, "nacional é um membro da comunidade estatal".[157] Mas, em sendo isso, como tratar o estrangeiro? Novamente STRENGER responde: "O estrangeiro não é totalmente excluído, como antes, dessa comunidade".[158] O estrangeiro mantém com a comunidade estatal uma relação de direitos e deveres, porem, com restrições que não existem para os nacionais. É cidadão do Estado de forma excepcional quando "certas condições territoriais se reúnem a seu respeito".[159] Isso significa que o estrangeiro se liga a um Estado quando tem residência ou domicilio, bem como possui propriedade ou esteja estabelecido de alguma forma no território deste. O mesmo não se passa com o nacional. Para o nacional não

---

156 STRENGER, Irineu. *Direito Internacional Privado*. 5ª ed.. São Paulo: LTɪ, 2003, p. 192.
157 STRENGER, *ibidem*, p.192.
158 *Ibidem*, p. 197.
159 *Ibidem*, p 192.

existem condições de subordinação. Sua participação é plena, é membro natural do Estado.

Nesse sentido, André BERTEN, numa análise entre republicanismo clássico e humanismo cívico, num aspecto eminentemente político, nos mostra que este último tende a considerar o engajamento político como correspondente a um bem, ou seja, encerra um valor moral. Por este ângulo, aproxima o humanismo cívico do comunitarismo. A participação política é a condição do exercício da liberdade individual. A relação entre lei e liberdade é fundamental. A lei não pode ser apenas a limitação da liberdade. A liberdade possui um caráter público, social, portanto ela implica por si própria a igualdade. Assim, sujeitando um determinado número de indivíduos a numero maior de compulsões que os outros, ninguém usufrui perfeitamente a liberdade.[160] A condição de cidadania e igualdade perante a lei é pressuposto de liberdade. O status social depende da liberdade que é igualar todos os indivíduos na sociedade em que estão inseridos.[161]

Parece-nos que ser cidadão da Europa representa um grande projeto, que vai além do artigo 19 do tratado de Maastricht. Em primeiro lugar, a dissociação entre naciona-

---

160 Roberto Kant de LIMA, referindo-se aos direitos desiguais, especificamente ao caso da prisão especial concedida a quem tem curso superior no Brasil, nos fornece um bom argumento contra essa diferenciação legal. Ele entende que a existência de "direitos desiguais torna extremamente difícil promover a internalização de regras e falar coerente e correntemente em direitos humanos, por definição atrelados a uma perspectiva universalista." LIMA, Roberto Kant de (org.). Prefácio à obra *Antropologia dos Direitos Humanos, 2*, Niterói: Editora da Universidade Federal Fluminense, 2003, p. 6.
161 BERTEN, André. "Republicanismo e Motivação Política: Direito e Legitimidade," *In* MERLE, Jean Christophe & MOREIRA, Luiz (orgs.). *Direito e Legitimidade*. São Paulo: Landy, 2003, pp. 24 e 25.

lidade e cidadania é verdadeira inovação constitucional. É, em segundo lugar, a elaboração de uma cultura comum que ultrapassa as fronteiras dos países, resultando em uma cidadania transnacional que coloca a política em acordo com a circulação dos homens, das idéias e das mercadorias. É, por fim, a aceitação de novos valores cívicos ignorados na Declaração Universal dos Direitos dos Homens e do Cidadão de 1789: a não-discriminação, a pluralidade cultural e a multiplicidade de referências e escolhas, a solidariedade e a laicidade.

Hoje, com o Projeto da Constituição européia, prevista para entrar em vigor em 2006, ascende o debate sobre a cidadania e a legitimidade política. Para ALDECOA, o objetivo de uma Constituição européia é atender as demandas do cidadão europeu. Segundo esse autor, esta propõe sua consecução tanto por meio da democratização da União e da classificação dos procedimentos comunitários, como através de dar respostas às demandas concretas do cidadão. Uma Europa comprometida mundialmente.[162]

A cidadania européia busca sua identidade no momento consolidação da união política e com a abertura para o Leste Europeu.[163] O despertar de nacionalismo no Leste Europeu, o surgimento de minorias no seio da Europa dos Quinze (que, na verdade, já se tornou dos Vinte e Cinco) e

---

162 ALDECOA, op. cit., pp. 178 e ss..

163 Referindo-se aos países do Leste Europeu, afirma HABERMAS: "Quando a presunção de normalidade reverte em favor do etnonacionalismo, nem mesmo faz sentido descrever os conflitos que hoje voltam a chamar a atenção, enquanto fenômenos regressivos de alienação, ou tentar torná-los compreensíveis, por exemplo, como compensação pela perda de um status internacional de potência ou como elaboração de uma relativa privação econômica". HABERMAS, Jürgen. *A Inclusão do Outro: Estudos de Teoria Política.* Trad. George Sperber e Paulo Astor Soethe (UFPR). São Paulo: Loyola, 2002, p.149.

a exclusão da cidadania européia das populações que se situam às margens da Europa fornecem uma ilustração disso. Mas a cidadania européia parece, sobretudo, reforçar a constituição de uma sociedade dual. Em torno da urbanidade e da civilidade européias e limitada a indivíduos que compartilham uma linguagem comum (democracia, Europa dos Estados de Direito, aspirações e consensos políticos, individualismo e valorização da vida privada), constitui-se uma Europa dos cidadãos, mas também uma Europa que não se desenvolve em um único ritmo. ALDECOA nos explica o que seria a *dupla velocidade*[164] do ambicioso projeto de uma Constituição européia, cujos riscos não podem ser assumidos de igual modo por todos os Estados-membros. Aparece então, como alternativa, que cada um subscreva um grau de integração distinto, avançando no seu ritmo particular sem, com isso, obstruir o progresso dos demais.[165]

Uma textura social é fabricada em torno de valores urbanos que veiculam uma ideologia de classes médias tendo às margens excluídos: a Europa dos cidadãos, assim, substitui a Europa dos trabalhadores. A transformação da compreensão do europeu, que passou de trabalhador (em 1957) a cidadão (em 1992) pressupõe que este possa exercer a sua cidadania conhecendo seus limites e ser vigilante quanto aos desvios do ato de governar da burocracia européia.

A Europa dos cidadãos, que deu um salto qualitativo em Maastricht, não pode ser construída por decreto, nem por tratado, no sentido jurídico que hoje possui.

---

164 Ou seja, não haveria apenas uma velocidade, no sentido de atender ao ritmo dos Estados-membros.
165 ALDECOA, *op, cit.*, p. 158.

De acordo com o art. 17º do tratado de Maastricht,[166] é cidadão da União Européia toda pessoa que tenha a nacionalidade de um país-membro. Entretanto, a Nação como comunidade admite várias acepções; política, cultural ou territorial. As definições de nacional e, portanto, de europeu, diferem de um país a outro porque isso diz respeito à consciência histórica de cada um deles.

O artigo 19º do Tratado de Maastricht,[167] por sua vez, trata das eleições do Parlamento Europeu, a forma de eleição e a definição do número de representantes de cada Estado-membro.

---

166 "Artigo 17º: É instituída a cidadania da União. É cidadão da União qualquer pessoa que tenha a nacionalidade de um Estado—membro. A cidadania da União é complementar da cidadania nacional e não a substitui. Os cidadãos da União gozam de direitos e estão sujeitos aos deveres previstos no presente Tratado."

167 *Cf.* a propósito. ATANÁSIO, João (org.). *Textos Comunitários*. Lisboa: Plátano, 2003, p 118.

O art. 19º do Tratado de Maastricht está assim redigido:
"Qualquer cidadão da União residente num Estado—membro que não seja o da sua nacionalidade goza do direito de eleger e ser eleito nas eleições municipais do Estado-membro de residência, nas condições que os nacionais desse Estado. Esse direito será exercido sem prejuízo das modalidades adotadas pelo Conselho, deliberando por unanimidade, sob proposta da Comissão, e após consulta do Parlamento Europeu; essas regras podem prever disposições derrogatórias, sempre que problemas específicos de um Estado-membro o justifiquem.

Sem prejuízo do disposto no nº 4 do art 19º e das disposições adotadas em sua aplicação, qualquer cidadão da União residente num Estado-membro que não seja o de sua nacionalidade, goza do direito de eleger e ser eleito nas eleições para o Parlamento Europeu no Estado-membro de residência, nas condições que os nacionais desse Estado. Esse direito será exercido sem prejuízo das modalidades adotadas pelo Conselho, deliberando por unanimidade, sob proposta da Comissão, e após consulta ao Parlamento Europeu, essas regras podem prever disposições derrogatórias, sempre que os problemas específicos de um Estado-membro a justifique."

A cidadania européia, baseada na reciprocidade de direitos entre europeus, mostra-se, muitas vezes, como uma nova fronteira. Tanto que a nacionalidade do país de acolhida era a única separação entre nacionais e estrangeiros. A distinção era binária e tendia a se reduzir com a igualdade de direitos sociais adquirida pelos imigrantes que eram, sobretudo, trabalhadores. A situação mudou desde a introdução da categoria dos *europeus*, que acentua as diferenças de status entre comunitários (cidadãos da Comunidade Européia) e extracomunitários.

Em sua marcha rumo à unificação, a Europa comunitária transforma progressivamente a liberdade de circulação de trabalhadores, no âmbito de um mercado comum, na liberdade de circulação das pessoas em um espaço comunitário, para culminar no reconhecimento da cidadania da União européia. Todo cidadão da União que resida em um país-membro que não seja o de seu local de nascimento, terá o direito de voto e de elegibilidade nas eleições municipais e européias. Questionamos se, por meio dessa transformação, a cidadania européia da União virá a completar e enriquecer a cidadania nacional e, além disso, se contribuirá para suprir o déficit democrático ligado a um parlamento europeu com poderes limitados em relação aos parlamentos nacionais e formado por representantes muito menos próximos de seus eleitores. Cremos que só o tempo responderá essas perguntas.

A cidadania européia[168] não é apenas um quebra-cabeça

---

168 Alec Stone SWEET faz a seguinte reflexão a respeito da cidadania transnacional bem nos moldes da União Européia: "A cidadania não é uma condição estática, mas um projeto político em progressão. Considero impossível dissociar o conceito de cidadania de outras construções históricas: o Estado-Nação, a soberania, os direitos, o nacionalismo, a jurisdição e por ali adiante. A noção de cidadania transnacional ou cos-

institucional, nem a última utopia. É uma problemática política e filosófica para uma sociedade "pós-nacional". A cidadania européia é um compromisso entre uma concepção liberal e uma dimensão voluntarista da cidadania, entre identidade política e cultural. A Europa agora é um projeto político. A despeito da diversidade de línguas, dos particularismos locais e, sobretudo, das diversas organizações políticas, ela aspira a uma unificação.

Com o argumento de promover uma Europa forte e unida, em que prevaleça paz e prosperidade, os europeus foram construindo pouco a pouco um projeto, primeiro de cooperação econômica seguindo o modelo de uma zona de livre comércio, seguido pela integração econômica de um mercado comum e, por último, uma união política. Dentro deste projeto econômico e político, a Comunidade Européia criou uma concepção de cidadania própria e comum para todos os cidadãos dos Estados-membros. Nesse sentido, foi criado, no ano de 2000, uma Carta de Direitos Fundamentais com a finalidade de aprofundar a democracia e a legitimidade da União. Esta Carta contém um capítulo dedicado especialmente à cidadania.

---

mopolita levanta necessariamente questões acerca da relação entre diferentes níveis de governo, nacional e supranacional.
De fato, o Estado-Nação e a idéia de cidadania têm sido sempre construções simultâneas. Os problemas crônicos e recorrentes da legitimidade experimentados pelas democracias entendem-se, normalmente, como resolvidos através do alargamento da esfera da cidadania. Numa narrativa clássica, a de Marshall, aos direitos civis, seguem-se os direitos políticos, em seguida os direitos sociais e esta seqüência serve para legitimar o Estado. Ainda que haja quem espere ver a mesma progressão ocorrer na União Européia, por exemplo, parece-me que o modelo de Estado-Nação, bem como os modelos de cidadania que o transnacional" SWEET, Alec Stone. "Cidadania Transnacional e Sociedade Global." In *Cidadania e Novos Poderes Numa Sociedade Global*. Sem indicação de tradutor. Lisboa: Calouste Gulbenkian, 2000, p.180.

Nesse capítulo, composto de oito artigos (39º ao 46º) encontram-se especificados os direitos do cidadão europeu, a saber: Direito de eleger e ser eleito nas eleições para o Parlamento Europeu; direito de eleger e ser eleito nas eleições municipais, direito a uma boa administração; direito de acesso aos documentos públicos; direito de apresentar petição ao provedor de justiça da União, direito de petição ao Parlamento Europeu, liberdade de circulação e permanência, e proteção diplomática e consular.

A Carta dos Direitos Fundamentais da União Européia foi completamente incorporada ao texto final do projeto de Constituição. No que concerne à cidadania, introduz o conceito de cidadão da União Européia nos seguintes termos:

Art. I-8: Cidadania da União.
1 - Possui a cidadania da União todo o nacional de um Estado-membro. A cidadania da União acresce à cidadania nacional, não a substituindo.
2 - Os cidadãos da União gozam dos direitos e estão sujeitos aos deveres previstos na constituição. Assistindo-lhes:
- O direito de circular e permanecer livremente no território dos Estados-membros
- O direito de eleger e ser eleito nas eleições para o Parlamento Europeu, bem como nas eleições municipais do Estado-membro de residência, nas mesmas condições que o nacional desse Estado;
- O direito de, no território de países terceiros em que o Estado-membro de que são nacionais não se encontre representado, beneficiar da proteção das autoridades diplomáticas e consulares de qualquer Estado-membro nas mesmas condições do nacional desse Estado; (...)

Título V: CIDADANIA
Artigo II-39º: Direito de eleger e ser eleito para o Parlamento Europeu.

1- Todos os cidadãos da União gozam do direito de eleger e ser eleito para o Parlamento Europeu no Estado-membro de residência nas mesmas condições que os nacionais desse Estado.
2- Os membros do Parlamento Europeu são eleitos por sufrágio universal direto, livre e secreto.

Artigo II-40: Direito de eleger e ser eleito nas eleições municipais
Todos os cidadãos da União gozam do direito de eleger e ser eleito nas eleições municipais do Estado-membro de residência, nas mesmas condições que os nacionais desse Estado.

Assim, e também conforme o entendimento de Gráinne de BÚRCA[169] passam a coexistir a cidadania nacional e a européia, existindo um relacionamento entre ambas, sendo uma originária e outra derivada.[170] É na verdade uma nova maneira de entender a cidadania. Porém, como chama a atenção a autora, a cidadania européia é uma cidadania complementar e não uma alternativa à cidadania nacional.

Ainda conforme entendimento de BÚRCA, a cidadania européia reflete o relacionamento entre um membro do Estado nacional e a política da União Européia, definindo a essência jurídica e os direitos políticos referentes àquele relacionamento, mas não uma completa separação ou alternativa para o status da cidadania nacional.[171]

---

169 BÚRCA, Gráinne de. "Fundamental Rights and Citizenships." In Ten Reflections on the Constitutional Treaty for Europe, op cit. p.13.
170 Nao obstante, a cidadania européia não poderia ser entendida tãosomente como *derivada* da cidadania nacional, haja vista que ela é originária da Constituição-tratado.
171 "A cidadania européia reflete as relações entre o Estado-membro e

Prevista para entrar em vigor em 1° de maio de 2006, a Constituição européia tornar-se-á um marco na história política da humanidade. O projeto, assinado pelos 15 Estados-membros originais e os 10 que se incorporarão à União[172] em 2004. No prefácio dessa Constituição, há referência ao fato que a União Européia, por encontrar-se "numa encruzilhada decisiva da sua existência, o Conselho Europeu reunido em Laeken (Bélgica) em 14 de dezembro de 2001, convocou a Convenção Européia sobre o futuro da Europa".[173]

Os desafios que vêm pela frente são muitos, principalmente com relação aos estrangeiros e suas diferentes culturas.[174] A Europa, durante séculos foi um continente "ex-

---

a União Européia, definindo o núcleo de direitos jurídicos e políticos pertencentes a essa relação, mas ela não é um status totalmente separado e alternativo à cidadania nacional." *Idem*, p 13.

172 Os Estados-membros originais da União Européia são: Alemanha, Áustria, Bélgica, Dinamarca, Espanha, Finlândia, França, Grécia, Irlanda, Itália, Luxemburgo, Paises Baixos, Portugal, Reino Unido e Suécia. Os novos Estados-membros que passam a integrar a União Européia em 2004 são: Chipre, Eslováquia, Eslovênia, Estônia, Hungria, Letônia, Lituânia, Malta, Polônia e República Checa. Os países candidatos a uma possível integração são: Bulgária, Romênia e Turquia.

173 Prefácio do projeto da Constituição européia.

174 Uma notícia vinculada no German Law Jornal, vol. 4, n° 11, de 1° de novembro de 2003, mostra bem o tamanho do desafio. O jornal narra uma demanda levada ao Tribunal Constitucional Federal da Alemanha, em que a questão gira em torno do direito de uma professora muçulmana, que se habilita a trabalhar em uma escola publica alemã a usar seu véu, em contraposição à prerrogativa do Estado laico, que não admite a ostentação de símbolos religiosos em prédios públicos. O debate remete a três questões: a neutralidade religiosa do Estado, o limite da liberdade religiosa e a expectativa da sociedade pluralista. Cabe uma avaliação sobre a tolerância, principal maneira de solução desses conflitos. Cf, MAHLMANN, Mathias. "Religions Tolerance, Pluralist Society and the Neutrality of the State: The Federal Constitutional Court's

portador" de pessoas. De suas terras partiram milhões de seres humanos pelas razões mais diversas, espalhando-se pelo mundo. Além disso, seu longo passado colonialista deixou marcas que perduram até nossos dias e continuam no tempo. Hoje, tendo-se tornado *uma* Europa, rica e poderosa, vê-se diante do fenômeno da imigração,[175] sem saber como lidar com seus "estrangeiros".

4.8. Repartição Constitucional de Competências da Constituição Européia

4.8.1. Considerações Introdutórias

Não há duvida nenhuma que o sistema de repartição de competência é estratégico para um ente da grandeza da União Européia que, como já salientamos, se fundamenta numa repartição compartilhada de soberania. Antes de maior análise teórica e jurídica, vale anteciparmos as nossas observações para delinear que esse complexo aparato institucional é possível por dois mecanismos, a saber:

Princípio da subsidiariedade.[176] Contemplado no disposto do artigo I-9 no seu item 3 a União só intervirá na

---

Decision in the Headscarf Case." Disponível em www.germanlawjournal.com, acesso em 1º.nov.2003.

175 Existe na Itália um movimento para conceder o direito de voto aos imigrantes nas eleições locais, conforme nos informa Antônio Negri. *Cf.* jornal O Globo. Rio de Janeiro: Sábado, 11 de outubro de 2003, Caderno Prosa e Verso, p. 1.

176 Sobre o principio da subsidiariedade, vide a obra clássica de DELSOL, Chantal Millon. *L'Etat Subsidiaire*. Paris: PUF, 1992. Vide também o anexo II do projeto de protocolo sobre a aplicação dos princípios da subsidiariedade e da proporcionalidade.

medida em que os objetivos da ação visada não podem ser alcançados pelos Estados—membros tanto no nível regional quanto no local.
Cláusula da Flexibilidade. Contida no seu artigo I-17 e já prevista, também, no artigo 308 do Tratado de Roma, essa cláusula permite à União implementar políticas comunitárias previstas na Parte III do projeto da Constituição mesmo que não possua poderes previamente definidos para tanto. Quando os interesses da União estiverem em jogo, estes prevalecem em detrimento dos interesses dos Estados-membros.

Tal originalidade trazida pelo projeto da Constituição européia vem provocando inquietação no ambiente acadêmico, trazendo dificuldades teóricas que passam não apenas pela definição de relações de poder, organismos de decisão e sua legitimação em uma unidade continental, mas também pela própria natureza do que se apresenta como uma nova ordem jurídico-política. Não tem sido tarefa fácil inserir o resultado da manifestação de vontade de uma instância constituinte pluralista que busca a unidade de Estados e povos no modelo teórico de *Federação*,[177] tampouco naquele de *Confederação* de Estados-Nações (em a independência e soberania destes seria mantida pelos próprios). A questão se mostra mais tormentosa para o Direito, que se ressente de precisão terminológica, exigindo do estudioso um significativo esforço no manuseio da linguagem, evitando palavras que conduzam a uma multiplicidade de significados jurídicos.[178]

---

[177] Esse modelo teórico deve ser ajustado em relação à União Européia.
[178] Veja-se, a propósito, BARROSO, Luis Roberto. *O Direito Constitucional e a Afetividade de suas Normas*, Rio de Janeiro, Renovar, 1996, 3ª ed., pp. 100 e 101.

Definir o que se apresenta como sendo uma "ordem jurídica *sui generis*"[179] parece ser, portanto, um dos grandes desafios postos pelo processo de constitucionalização da integração européia, produzindo reflexos no tratamento conferido à descentralização política[180] dependente que é da natureza jurídica e forma de Estado.

Sem a pretensão de conceituá-la, ora temos por objetivo examinar a repartição constitucional de competência na Constituição européia[181] com a expectativa de prestar uma contribuição aos debates que, certamente, serão travados

---

179 O debate travado entre os juristas europeus situa-se, sobretudo, na natureza jurídica das comunidades: nem confederação, nem estado federal, nem organização internacional, categorias tradicionais para pensar a associação de Estados, afirma Olivier JOUANJAN. De outro lado, o modelo traçado pela integração européia não se afigura como um "federalismo funcional", mas se afinando com uma "organização *sui generis*", uma "ordem jurídica *sui generis*". Cf. "Figures Politiques de l'Europe Unie." In Cités nº 13, 2003. Op. cit., p.25.

180 Para José Afonso da SILVA, os limites da repartição de poderes dependem da natureza e do tipo histórico das federações. Numas, a descentralização é mais acentuada, dando-se aos Estados-membros competências mais amplas, como nos Estados Unidos da América. Noutras, a área de competência da União é mais dilatada, restando reduzido campo de atuação a Estados como o Brasil no regime da constituição de 1967-1969, que constituiu mero federalismo nominal. Já a Constituição de 1988 buscou resgatar o princípio federalista e estruturou um sistema de repartição de competências que tenta refazer o equilíbrio das relações entre o poder central e os poderes estaduais e municipais. Cf. *A Federação e o Direito Constitucional Positivo*, 13ª ed., São Paulo: Malheiros, 1997, p. 103.

181 Nas palavras de GRIMM, quando "hoje se fala de uma Constituição para a Europa, entende-se com isto o ordenamento jurídico fundamental da comunidade, análogo àquele havido na França e na América do Norte ao fim do século XVIII, em seguida a duas revoluções vitoriosas que obtiveram afirmação universal" Cf. GRIMM, "Une Costituzione per l'Europa?" Op. cit., p. 342.

com a promulgação da Carta política da Europa e com o surgimento de um direito constitucional europeu.[182]

4.8.2. Repartição de Competências: Base do Federalismo

A despeito da indefinição teórica que ainda acoberta a organização político-jurídica da União Européia, as idéias que fornecem suporte à concepção de Estado Federal possibilitam a verificação, no novo instrumento constitucional, do tratamento conferido à repartição de competência. Bem verdade que alguns conceitos como o de soberania e autonomia sofrerão relativizações quando transpostos para a ordem jurídica instituída pela constituinte européia, mas a relativização dessas categorias não se coloca como obstáculo à análise do tema, figurando, isto sim, como um instigante objeto de reflexão.

Se, num ponto, a forma de Estado delineada pela Constituição européia pouca ou nenhuma importância apresenta no plano das relações internacionais, vez que cada Estado-membro mantém inalterada sua soberania externa, a distinção adquire relevo no âmbito interno, com reflexos na idéia de autonomia — descentralização política —, que ora é o centro de nossa investigação.

Muito embora não seja possível vislumbrar, na organização supranacional em tela, as características do Estado Federal nos moldes traçados pelo constitucionalismo clássico, necessário registrar, sem a intenção de incursionar na seara conceitual dos institutos, que o termo *soberania* tra-

---

[182] A elaboração de uma constituição européia aponta para o surgimento do direito constitucional europeu, que deve se desenvolver no nível interno a partir dos debates até então travados.

duz idéia de poder,[183] revelando no plano internacional a face externa do Estado, a unidade de uma ordem jurídica, enquanto *autonomia* refere-se à distribuição interna de competências entre os entes federativos, sejam elas de caráter legislativo, administrativo ou jurisdicional. De acordo com a forma federativa assumida, a autonomia adquire contornos distintos no federalismo dualista ou clássico. Vigente nos séculos XVII e XIX, a descentralização política operava-se horizontalmente, separando-se de forma exaustiva as competências dos entes Federativos. Assim, tanto os Estados-membros quanto a União exerciam atividades legislativas somente sobre matérias que lhe eram reservadas.

Já no federalismo cooperativo concebido após a Primei-

---

[183] Nas lições de José Afonso da Silva, o Estado federal, pessoa reconhecida pelo Direito internacional, titulariza a soberania, considerada como poder supremo consistente na capacidade de auto determinação. Os Estados federados são titulares de autonomia, compreendida como governo próprio dentro do círculo de competências traçadas por sua Constituição. Diz-se unitário aquele que possui um único território dividido entre os Estados, submetidos ao poder da União no exercício da competência federal e ainda uma só população, formando um único corpo nacional, enquanto regida pela Constituição e legislação federais. É federativo (associativo) enquanto cabe aos Estados participar na formação da vontade dos órgãos federais, que se compõe de representantes dos Estados e também pela participação das Assembléias Legislativas estaduais no processo de formação das emendas constitucionais e enquanto lhes é conferido competência para dispor sobre as matérias que lhes reserva a Constituição, com incidência nos respectivos territórios e populações. Com isso constituem-se no Estado federal duas esferas governamentais sob a mesma população e o mesmo território: a da União e a de cada Estado-membro. Mas o Estado federal é considerado uma unidade nas relações internacionais. Apresenta-se, pois, como um Estado que, embora aparecendo único nas relações internacionais, é constituído por Estados-membros dotados de autonomia, notadamente quanto ao exercício de capacidade normativa sobre matérias reservadas a sua competência. *Op. cit.*, pp. 100 e101.

ra Guerra Mundial, a repartição passou a ocorrer verticalmente distinguindo-se níveis de competência em relação a determinada matéria. Reserva-se ao poder central, exercido pela União, a competência para legislar sobre normas gerais, sem impedir que os Estados disciplinem, concorrentemente sobre a mesma matéria, de modo que cada Estado-membro teria competência complementar naquilo que concorrerem com a União.

Verifica-se, assim, que o pacto estabelecido entre as várias ordens jurídicas parcelares e a ordem jurídica geral, representada pela União, é o núcleo em torno do qual gravita o conceito de *federação*,[184] convivendo, ao lado do poder central (União), as diversas coletividades públicas representadas pelo poder político dos Estados-membros. A estes confere-se capacidade política para instituir comandos normativos próprios sobre temas de seu interesse, com incidência nos respectivos territórios e populações, cabendo à União a representação da unidade jurídica, reservando-lhe competência para legislar sobre assuntos de interesse global.

No momento em que o pacto federativo se viabiliza, com a promulgação e a publicação da Constituição, adverte André Luiz BORGES NETTO,[185] perdem os Estados-membros a soberania que lhes era característica, para cedê-la ao Estado Federal (União), que passa a ser o único a

---

184 Quando se fala em federalismo em Direito Constitucional, quer-se referir a uma forma de Estado caracterizada pela união de coletividades públicas dotadas de autonomia político-constitucional, *i.e.*, de autonomia federativa. O federalismo baseia-se, pois, na união de coletividades políticas autônomas, que a doutrina chama de Estados Federados, estados-membros ou simplesmente estados. *Cf.* a esse propósito SILVA, *op. cit.*, p. 99.

185 BORGES NETTO, André Luiz. *Competências Legislativas dos Estados-membros*. São Paulo: Revista dos Tribunais, 1999, p. 49.

deter capacidade jurídica de direito internacional público, reunindo parcelas de poderes que não são superados por nenhum outro poder ou Estado.

A doutrina aponta três modalidades de descentralização política: a primeira enumera sucessivamente as atribuições da União e dos poderes estaduais; outra privilegia as atribuições dos Estados-membros, de forma que as matérias não enumeradas incumbam à União; a terceira confere aos Estados-membros as competências que não lhe são recusadas diretamente ou pela atribuição aos órgãos Federais.

No sistema constitucional brasileiro, a partilha de competência procurou privilegiar a predominância dos interesses, destinado a atividade legislativa sobre matéria de interesse geral à União e de interesse regional aos Estados federados, o que acaba por conferir àquela um papel hegemônico na atividade legislativa. Sua competência vem expressamente enumerada no texto constitucional, incumbido aos Estados o disciplinar as questões que não foram conferidas à União. Cuida-se, portanto, de competência residual ou remanescente, mas que não lhe tira a possibilidade de legislar sobre normas especiais, suplementando a atuação da União no que couber.[186] É a chamada competência correspondente, em que a mesma matéria pode receber normatização tanto de um quanto de outro ente federativo (União e Estados). Raul Machado HORTA adverte que a repartição vertical de competência cria uma verdadeira situação de condomínio legislativo entre a União Federal e os Estados-membros.[187]

---

[186] PINTO FERREIRA, Luiz. *Curso de Direito Constitucional.* São Paulo: Saraiva, 1993, 6ª ed., p. 291.
[187] HORTA, Raul Machado. *Estudos de Direito Constitucional.* Belo Horizonte:Del Rey, 1995, p. 336.

Dominique ROUSSEAU,[188] em comentário ao tema, anota três modos principais de repartição de competência. Os dois primeiros se estruturam a partir da distinção entre competência geral de direito comum e competência de atribuições, de acordo com os seus beneficiários. O nível europeu recebe a competência de direito comum, atribuindo-se as competências limitativamente enumeradas no artigo da Constituição, de modo que tudo aquilo que não for atribuído aos Estados-membros será de competência da União, ou, em outras palavras, tudo o que não couber expressamente à União Européia incumbe aos Estados regulamentar. A terceira modalidade de repartição consiste em definir três listas de competências; uma na esfera exclusiva dos Estados, outra em favor somente do nível europeu, uma outra atribuindo certas matérias concorrentemente aos Estados e ao nível europeu. Este método é o adotado pela constituição alemã, resguardando os constituintes de se pronunciar sobre a delicada questão de atribuição da competência de direito comum ao nível europeu ou aos Estados.

Para evitar transtornos, ROUSSEAU sugere que conste expressamente da Constituição européia, em seguida aos artigos relativos às competências dos Estados e do nível europeu, a lista de matérias que reabilite a competência das coletividades descentralizadas, ou ainda, que seja estabelecida uma cláusula geral de reserva de competências regionais, devolvendo sua disciplina às Constituições nacionais.

Qualquer que seja o modo de repartição adotado, pondera ROUSSEAU, a realidade da divisão será determinada progressivamente, ao fio desse conflito que a Corte Cons-

---

188 ROUSSEAU, Dominique. "Les Constitutions Possibles pour l'Éurope." In Cités, n° 13, 2003. Op.cit., pp. 17 e18.

titucional Européia terá necessariamente que resolver. Na opinião desse autor, a exemplo da jurisprudência construída nas unidades políticas complexas, esse órgão regulador de competências tenderá a favorecer o centralismo.

Assentadas essas bases doutrinárias, possível a transposição dos ensinamentos para o objetivo de nosso estudo, sem perder de vista as peculiaridades que marcam a Constituição européia. Não obstante, alguns aspectos aproximam a nova organização político-jurídica daquilo que se convencionou chamar de *Estado Federal*, importando-nos mais de perto a questão relativa à descentralização política operada pelo constituinte europeu.

4.8.3. A Repartição de Competências na Constituição Européia

Tamanha foi a preocupação do constituinte em assegurar uma equilibrada repartição de competência, que dedicou dois títulos da Parte I a disciplinar tal matéria: o Título III, enumerando as competências da União, e o Título V, regulamentando o exercício dessas competências. No primeiro estão não apenas os princípios orientadores da distribuição de competência, mas também as modalidades de competência exclusiva e partilhada. No segundo, são enumerados os atos jurídicos da União Européia, estabelecendo normas relativas a sua aplicação e vigência. Esse cuidadoso tratamento normativo parece revelar o traço federativo da comunidade supranacional Para uma melhor visualização do tema, transcrevemos do dispositivo regente dos princípios fundamentais da repartição legislativa:

Título III: Competências da União
Artigo 9: Princípios fundamentais

1. A delimitação das competências da União rege-se pelo princípio da atribuição. O exercício das competências da União rege-se pelos princípios da subsidiariedade e da proporcionalidade.
2. Em virtude do princípio da atribuição, a União atua nos limites das competências que os Estados-membros lhe tenham atribuído na Constituição a fim de alcançar os objetivos por esta fixados. As competências não atribuídas à União na Constituição pertencem aos Estados-membros.
3. Em virtude do princípio da subsidiariedade, nos domínios que não sejam da sua competência exclusiva, a União intervém quando e na medida em que os objetivos da ação projetada não possam ser atingidos de forma suficiente pelos Estados-membros, tanto a nível central como a nível regional e local, podendo contudo, devido às dimensões ou aos efeitos da ação projetada, ser alcançados mais adequadamente ao nível da União. As instituições da União aplicam o princípio da subsidiariedade em conformidade com o Protocolo relativo à Aplicação dos Princípios da Subsidiariedade e da proporcionalidade, anexo à Constituição. Os parlamentos nacionais velam pela observância deste princípio de acordo com o processo previsto no referido protocolo.
4. Em virtude do princípio da proporcionalidade, o conteúdo e a forma da ação da União não devem exceder o necessário para atingir os objetivos da Constituição.
As instituições aplicam o princípio da proporcionalidade em conformidade com o protocolo referido no n° 3.

A análise dessa norma revela que o constituinte europeu considerou como essencial à delimitação das competências o *principio da atribuição,* por meio do qual enumeram-se as matérias cuja disciplina incumbe à União, restando aos Estados-membros a competência residual, isto é, a edição das normas jurídicas que atendam aos interesses da coletividade de um determinado espaço territorial.

Nas lições de Joaquim José Gomes CANOTILHO, a União Européia dispõe de poderes especificamente conferidos (competências enumeradas)[189] pela Constituição européia. Nessa linha de raciocínio, quanto mais poderes forem conferidos à União, menor será o âmbito de atuação dos demais integrantes do pacto federativo.[190] E essa opção é justificável, sobretudo porque não se pode considerar, em relação à estrutura atual da União Européia, que se trate esta de um *Estado* soberano, dotado de competência e poderes globais, como alerta CANOTILHO, mas apenas uma comunidade de Estados que, por meio de acordos internacionais, abriu mão de parte de sua soberania para transferi-la para a ordem jurídica instaurada pela Constituição Européia.[191]

A capacidade normativa do poder central da União pode ser extraída, pois, do princípio da atribuição, que serve de norte à compreensão dos valores éticos e políticos que informam a ordem constitucional européia apresentada no projeto de Constituição estudado. A propósito, não parece demasiado deixar registrada a posição ocupada pelos princípios[192] no ordenamento jurídico.

---

189 CANOTILHO, J.J. Gomes. *Direito Constitucional e Teoria da Constituição*. 4ª ed. Coimbra: Almedina, 2000, p. 361.
190 BORGES NETTO. *Op. cit.*, pp. 46 e 47.
191 Veja-se, a propósito, CANOTILHO, *op.cit.*, p. 361.
192 A dogmática moderna avaliza o entendimento de que as normas jurídicas, em geral, e as normas constitucionais, em particular, podem ser enquadradas em duas categorias diversas: as normas-princípio e as normas-disposição, *Cf.*, a respeito, BARROSO, Luis Roberto. *Interpretação e Aplicação da Constituição*. São Paulo: Saraiva, 1996, p. 141.

Muito embora não seja nossa intenção retomarmos o tormentoso debate acerca da prevalência das regras sobre os princípios[193] e vice versa, tampouco pontuarmos a distinção entre umas e outros já apresentada pela doutrina,[194]

---

[193] Eros Roberto GRAU, acompanhando as lições de Ronald DWORKIN, sustenta que as regras jurídicas, não admitindo exceções, são aplicáveis de modo completo ou não o são; os princípios possuem uma dimensão de importância ou peso que não se verifica nas regras jurídicas. Cf. *A Ordem Econômica na Constituição: Interpretação e Crítica*. São Paulo: Revista dos Tribunais, 2001, p. 122.

[194] "Norma é o conteúdo do sentido de determinada prescrição normativa, em função do qual é delimitado ou que um dado ordenamento jurídico determina, proíbe ou permite. A norma-princípio tem fundamento de validade no direito positivo de modo expresso ou implícito. Caracteriza-se estruturalmente por ser concretizável em vários graus; seu conteúdo depende das possibilidades normativas advindas dos outros princípios, que podem derrogá-lo em determinado caso concreto. Daí dizer-se que os princípios, à diferença das meta-normas de validade, instituem razões *prima facie* de decidir. Os princípios servem de fundamento para a interpretação e aplicação do Direito. Deles decorrem, direta ou indiretamente, normas de conduta ou instituição de valores e fins para a interpretação e aplicação do Direito. A Teoria Geral do Direito define os princípios jurídicos como normas de otimização concretizáveis em vários graus, sendo que a medida de sua concretização depende não somente das possibilidades fáticas, mas também daquelas judiciais; eles permitem e necessitam de ponderação, porque não se constituem em regras prontas de comportamento, precisando, sempre, de concretização... a solução de uma colisão de normas-princípios depende da instituição de regras de prevalência entre os princípios envolvidos, a serem estabelecidas de acordo com as circunstâncias do fato concreto e em função das quais será determinado a peso relativo de cada norma-princípio. A solução de uma colisão de princípios não é estável nem absoluta, mas móvel e contextual. A regra de prevalência, segundo a qual determinada norma-princípio, em determinadas condições, tem preferência sobre outra norma-princípio, institui uma hierarquia móvel entre ambas as medidas, já que pode ser modificada caso alterado o contexto normativo e fático." ÁVILA, Humberto. "Repensando o Princípio da Supremacia do Interesse Público sobre o

forçoso assinalar a hierarquia axiológica existente entre os princípios, e que permite, na visão de Diogo de Figueiredo MOREIRA NETO, a ponderação e harmonização, diante de um caso concreto, dos vários valores que cada um encerra.[195]

A questão se reveste de especial importância quando estamos nos defrontamos com uma nova categoria jurídica, como o *federalismo continental* introduzido pelo projeto de Constituição européia, assumindo os princípios um papel de destaque na tarefa interpretativa do direito constitucional ali delineado. Já não se pode desprezar a força imperativa dos princípios na interpretação das normas jurídicas, sobretudo por definirem a lógica e racionalidade do sistema.

A questão apresenta especial relevância quando estamos diante de uma nova categoria jurídica, como a que foi introduzida pela Constituição européia, assumindo os princípios um papel de destaque na tarefa interpretativa, auxiliando a compreensão do Direito constitucional ali delineado. Nessa ordem de idéias, e considerando que o conjunto de princípios basilares do direito constitucional europeu estão assentados na Constituição, observa-se que suas disposições recebem o influxo dos valores éticos e políticos que informam a recente ordem jurídico-constitucional, o que se faz presente na distribuição de competências.

Feitas essas observações, impõe-se o registro de que, ao lado do principio da *atribuição*, os da *subsidiariedade* e da

---

Particular." *In* Revista Trimestral de Direito Publico, São Paulo, n° 24, 1998, pp.159-180.
195 *Cf.* p. 59 de MOREIRA NETO, Diogo de Figueiredo. "A Ordem Econômica na Constituição de 1988." *In* Revista de Direito da Procuradoria Geral do Estado do Rio de Janeiro, 1990, pp. 42-57.

proporcionalidade deverão pautar igualmente as relações entre os entes federativos, notadamente em relação ao efetivo exercício da atividade legislativa.

Conforme discutido anteriormente, o principio da subsidiariedade,[196] introduzido pelo Tratado de Maastricht (art. 30-2), ainda suscita dúvidas quanto a sua natureza e seu alcance,[197] inclinando-se a doutrina no sentido de considerar que o poder central da União age em substituição ao dos Estados-membros, isto porque, circunscrevendo-se a situação do poder central ao âmbito que lhe foi conferido com exclusividade constitucional (art. 9°-2), sua incursão nos domínios reservados aos Estados-membros somente será possível quando não conseguirem alcançar, em nível comunitário, os objetivos traçados nas ações por estes desenvolvidas (art. 9°-3),[198] observada a evidência do principio da proporcionalidade (art. 9°-3, segunda parte). Neste particular, é nítida a íntima relação entre os princípios da subsidiariedade e da proporcionalidade, devendo a União empregar meios necessários ao atingimento dos fins pretendidos pela comunidade e alinhados na Constituição (art. 9°-4).

A leitura do art. I-11 da Constituição européia permite depreender que o principio da subsidiariedade consagra as competências paralelas ou concorrentes entre a União e os Estados-membros no art. I-11-2, conferindo capacidade legislativa a estes últimos apenas quando houver omissão da União em relação à matéria:

---

196 A idéia de pluralismo, as diferenças culturais e históricas dos Estados-membros, bem como as respectivas dimensões territoriais estão presentes no principio da subsidiariedade.
197 CANOTILHO, *op.cit.*, p. 362.
198 *Idem*, pp. 361 e 362.

Artigo I-11: Categorias de Competências[199-200]
2. Quando a Constituição atribua à União uma competência partilhada com os Estados-membros em determinado domínio, a União e os Estados-membros têm o poder de legislar e de adotar atos juridicamente vinculativos nesse domínio. Os Estados-membros exercem a sua competência na medida em que a União não tenha exercido a sua ou tenha decidido deixar de a exercer.

Em comentários ao principio da *subsidiariedade*, CANOTILHO assinala seu aspecto dinâmico, pois tanto pode conduzir a um exercício de competência mais intenso por parte da comunidade como a um exercício mais comedido.[201] A dinamicidade biunívoca do princípio, ensina o constitucionalista, pode ser verificada a partir do exame dos pressupostos que orientam a atribuição de competências à União: falta de eficiência na ação dos Estados-membros e mais valia da ação global em relação aos fins visados pela Comunidade.[202]

Não obstante o cuidado do constituinte com a distribuição de competências entre os entes federativos — aparecendo o Estado Federal, a rigor como união de coletividades políticas autônomas —,[203] na ótica de ROUSSEAU,[204]

---

199 Tal dispositivo apresenta uma particularidade em relação ao preceituado no art. 24 da Constituição brasileira de 1988, vez que o constituinte europeu deixou de prever, como fez o constituinte brasileiro, a suspensão de eficácia da norma do Estado-membro na hipótese de posterior regulamentação da matéria pela União, e condicionou a edição de normas pelos Estados-membros à omissão legislativa do poder central.

200 Os artigos I-12 e I-13 do mesmo título são dedicados, respectivamente, as competências exclusivas e aos domínios da competência partilhada.

201 CANOTILHO, *op.cit.*, p 362.

202 *Ibidem*.

a recente invocação do princípio da subsidiariedade[205] na Constituição européia não é capaz de resolver as dificuldades que se apresentam nesse particular, mas tem a vantagem de revelar o caos sob uma imagem de regra diretriz de classificação como um instrumento eficaz de evitar as concorrências.[206]

Seja como for, a descentralização política operada pela Constituição européia permite a coexistência harmônica, sob uma mesma ordem jurídica continental, de um centro incumbido de normatização geral, respeitando as peculiaridades das diferentes ordens jurídicas internas das diversas entidades integrantes da Comunidade Européia, suas tradições, sua cultura e diversidade territorial, e outros dotados de autonomia, sobretudo em relação ao exercício de capacidade normativa sobre matérias reservadas à sua competência.[207] Com isso, cada Estado-membro possui competência, nos termos do artigo I-11-2, para organizar suas estruturas internas e regulamentar assuntos de seu particular interesse, caso a União não regulamente a matéria.

Por sua vez, o princípio da proporcionalidade, expressamente previsto no art. 9º da Constituição européia, atua como um freio à liberdade do legislador, vinculando sua atuação aos fins públicos a que se destina. Não basta, pois

---

203 BORGES NETTO, *op. cit.*, p. 47
204 ROUSSEAU, *op cit.*, p. 17.
205 *Cf.* artigo 7º da Constituição européia.
206 "A recente invocação do princípio da subsidiariedade não muda o processo. Tem a vantagem, de uma forma hábil, de apresentar o caos da repartição de competências, sob a perspectiva de uma diretriz de classificação, como um instrumento capaz de evitar a concorrência." (ROUSSEAU, *op. cit.*, p. 17). Não só evitar a concorrência, entendemos nós, mas também de coordená-la na hipótese de que, em algum caso, não tenha sido possível evitá-la.
207 SILVA, *op. cit.*, p. 101.

exercer a atividade legiferante, sendo igualmente exigido fazê-lo de modo razoável, permitindo-se a aferição da correlação lógica entre o efetivo exercício de competência legislativa e o fim a ser atendido pela norma.

A proporcionalidade em sentido amplo importa na exigência de adequação da medida ao fim ditado pela própria lei, entendimento que que não discrepa das lições de Jesús GONZÁLES PÉREZ, para quem o princípio da proporcionalidade "não postula outra coisa senão uma adequação entre meios e fins,[208] exigência expressamente consagrada no art. I-9-1 da Constituição Européia.

Fixadas essas premissas, necessário observar que o novo federalismo europeu cuidou, no tocante à distribuição de competências, de duas espécies ou categorias fundamentais a atividade, legislação exclusiva do poder central (União) e aquela concorrente comum ou partilhada entre os Estados-membros e a União.

A competência exclusiva, que afasta a capacidade dos demais entes federativos de legislar sobre a matéria, vem enumerada no art. I, itens 12 e 16. Voltando-se à definição de regras para o do mercado interno, à regulamentação de política monetária para os Estados-membros, bem como à política comercial comum, União aduaneira, conservação dos recursos biológicos marítimos no âmbito da política comum das pescas e, sobretudo, à celebração de acordos internacionais previstos em ato legislativo da União, reforçadora, esta última, da posição ocupada pelo poder central na representação do Estado Federal Europeu.

---

208 GONZÁLES Pérez, Jesús. *El Principio General de la Buena fe en el Derecho Administrativo*. Madrid. Civitas, 1983, p. 39.Sobre o princípio da proporcionalidade, *cf.* por todos ALEXY, Robert. *Teoría de los Derechos Fundamentales*. Trad. para o espanhol de Ernesto Garzón Valdés. Madri: CEPC, 2001, pp. 111 e 112.

Embora somente a União tenha competência para legislar e adotar atos juridicamente vinculativos nas hipóteses acima alinhadas (art. I-11-1) tal exclusividade não veda a possibilidade de delegação legislativa aos Estados-membros, pela própria União, o que demonstra uma certa flexibilidade na distribuição de competências.

Ao lado dessas matérias, o poder central ainda possui competência para desenvolver ações de apoio, de coordenação ou de complemento na área da indústria, proteção e melhoria da saúde humana, educação, formação profissional, juventude e desporto, cultura e proteção civil.

Nada obstante não tenha sido expressamente tratada no dispositivo relativo à competência exclusiva, dessa ordem é a capacidade de legislar sobre a coordenação de políticas econômicas e de emprego (art. I-11-3) e para definir e implementar política externa e de segurança comum, inclusive para definir gradualmente uma política comum de defesa, como estabelece com reservas à política externa a ser adotada pela União (art. I-15, itens 1 e 2).

Em relação à competência comum, concorrente ou partilhada como preferiu o constituinte europeu, o rol de matérias é igualmente extenso, podendo os Estados-membros legislarem, em concorrência com a União, sobre mercado interno; espaço de liberdade, segurança e justiça; agricultura e pesca, com exceção da conservação dos recursos biológicos marítimos; transportes e redes transeuropéias; energia; política social; coesão econômica, social e territorial; meio ambiente; defesa dos consumidores, e problemas comuns de segurança em matéria de saúde pública (art. 13).

De outro lado, compete à União desenvolver ações destinadas a apoiar, coordenar ou completar a ação dos Estados-membros em determinados domínios, por força da regra contida no art. I-11-5, permitindo a concorrência em matéria administrativa e de natureza política.

As peculiaridades do conjunto das disposições da Constituição Européia revelam a tentativa do constituinte de adequar o federalismo continental aos moldes do federalismo clássico, levando em conta, certamente as disparidades culturais e econômicas das unidades federadas. Para tanto, ampliou, significativamente, o campo de legislação partilhada, conferindo ao poder central as competências enumeradas e reservando aos Estados-membros os poderes residuais.

Para o exercício dessas competências, a União poderá lançar mão da lei européia, da *lei-quadro* européia, do regulamento europeu, da decisão européia, das recomendações e pareceres, todos definidos no art. I-32. Na categoria de lei encontram-se a lei européia e a lei-quadro. A primeira é ato legislativo de caráter geral, obrigatório e aplicável em todos os Estados-membros; a lei-quadro é ato legislativo que vincula os Estados-membros quanto ao resultado a alcançar, deixando à sua discrição, no entanto, a escolha da forma e dos meios necessários ao alcance dos objetivos.[209]

O regulamento é ato administrativo normativo, de caráter geral, destinado a dar execução aos atos legislativos e a certas disposições específicas da Constituição.[210] Ainda nessa categoria, inserem-se as recomendações e os pareceres de cunho meramente de recomendação e não-vinculativo.

Esse breve painel da descentralização política prevista na Constituição européia demonstra o grau de descentralização legislativa que demarca os domínios da União e das ordens jurídicas internas dos Estados-membros, com a preocupação de alargar as competências legislativas do po-

---

209 Em que pese o nome ser novidade, a lei-quadro nada é senão a já conhecida norma constitucional programática.
210 Assemelha-se aos decretos de execução previstos no ordenamento jurídico brasileiro.

der central para garantir a realização dos objetivos da federação.

Bem verdade que a análise aqui empreendida se ressente de uma bibliografia adequada, dado o caráter inovador dessa que é a primeira Constituição-tratado da história. De toda sorte, procuramos perquirir o escopo visado pelo constituinte europeu, numa visão sistemática do documento jurídico, sem perder de vista a força imperativa dos princípios sobre os quais se alicerça e o caráter político das disposições constitucionais, conscientes de que os problemas da interpretação constitucional, como adverte José Alfredo de Oliveira BARACHO, são mais amplos do que aqueles da lei comum, pois repercutem em todo o ordenamento jurídico. Nas lições de Héctor Fix Zamudio:

> A interpretação dos dispositivos constitucionais requer, por parte do intérprete ou aplicador, particular sensibilidade que permita captar a essência, penetrar na profundidade e compreender a orientação das disposições fundamentais, tendo em conta as condições sociais, econômicas e políticas existentes no momento em que se pretende chegar ao sentido dos preceitos supremos. Os diversos conceitos de Constituição, a natureza específica das disposições fundamentais, que estabelece regras de conduta de caráter supremo e que servem de fundamento e base para as outras normas do ordenamento jurídico, contribuem para as diferenças entre a interpretação jurídica ordinária e a constitucional.[211]

---

211 FIX-ZAMUDIO, Héctor, *apud* BARACHO, José Alfredo de Oliveira. *Teoria da Constituição*. São Paulo: Resenha Universitária, 1979, p. 54.

Sem desprezar as implicações políticas no texto constitucional, Nelson SALDANHA[212] alerta para o cuidado que se deve ter na interpretação de suas normas, deixando claro que:

> A interpretação em Direito Público, notadamente em Direito Constitucional, recebe mais ... a incidência de implicações políticas, e daí o grande número de aspectos que podem ser levados dentro dela, a começar do fato de que um texto constitucional, que organiza a ordem de um Estado, não pode ser tornado como algo meramente "jurídico".

Muito embora não se possa desconsiderar a interferência do aspecto político, o hermeneuta deve levar em conta cada um dos princípios elementares da interpretação jurídica, de forma que cada um dos meios empregados combinem-se e controlem-se reciprocamente. No entanto, os processos sistemáticos e teleológicos parecem ser os que permitem estabelecer, no regime político, a sede daqueles valores a que a linguagem jurídica conferir a denominação de princípios constitucionais, como pondera Bonavides.[213]

Não se desconhece que a matéria tratada pela norma fundamental européia é vasta e que os fins a serem perseguidos colocam-se como obstáculos para a precisão terminológica de suas disposições. Não obstante, devemos procurar alcançar, no texto constitucional, o sentido que torne efetivos os princípios que nortearam a elaboração da Constituição, abandonando aqueles que possam contrariá-los ou reduzir-lhes o alcance.

---

212 SALDANHA, Nelson. *Ordem e Hermenêutica*. Rio de Janeiro, Renovar, 1992, p.264.
213 BONAVIDES, *Op. cit.*, p.560.

4.9. A Estrutura Institucional

O quadro institucional está consagrado no art. I-18, mantendo basicamente a estrutura política administrativa atual. Cremos que, no entanto, se efetiva um reforço do Conselho Europeu como o disciplinado no art. I-2, item 1, com a eleição por um mandato de dois e meio de um presidente. A novidade dessa eleição para Presidente da União Européia está no fato de que ela será procedida pelos líderes por meio indireto, à moda parlamentarista. E a justificativa para o fato de a eleição ser indireta segue justamente nesse sentido, conforme explicação de Robert BADINTER:

> A eleição direta de um presidente por centenas de milhões de europeus de nacionalidades e de línguas diferentes para assumir a direção efetiva de uma federação de Estados Soberanos não parece adaptado ao estado atual da Europa. Nem à sua altura política, uma vez que o modelo democrático dominante na Europa é o regime parlamentar.[214]

Outro ponto merecedor de nossa atenção é o problema do peso da representação dos Estados-membros, no qual está materializando o impasse para a aprovação de projeto da Constituição européia na sua última conferência intergovernamental, ocorrida em meados de dezembro de 2003. Polônia e Espanha insurgiram contra os termos do Anexo III do projeto de protocolo, sobre a representação dos cidadãos ao Parlamento Europeu e na ponderação dos

---

214 BADINTER, Robert. *Une Constitution Européenne*. Paris: Fayard, 2002, pp. 29 e 30.

votos ao Conselho Europeu (art. II).²¹⁵ A posição desses dois Estados foi firme, contrária à mudança proposta no referido Anexo, que visa a modificar o equilíbrio da ponderação dos votos alcançados pelo Tratado de Nice.²¹⁶⁻²¹⁷

Cabe aqui retratar o que talvez seja o principal impasse a respeito do projeto da Constituição européia, gerado pelo estado atual de negociação entre os representantes dos Estados-membros. Esse impasse, que ficou claro no encontro dos chefes de Estado²¹⁸ dos quinze países que integram a União Européia e dos dez que se integrarão em 2004: trata-se da estrutura de representação política, que é alterada pelo projeto em discussão.

Há uma divisão entre os Estados-membros no que se refere à repartição do poder, gerando um enfrentamento entre os países grandes (especialmente França e Alemanha) de um lado, e os médios (Espanha e Polônia) e pequenos (como Áustria e Holanda) de outro. O Reino Unido, embora seja um dos países grandes, também faz ressalvas ao texto.

Os países médios desejam manter o sistema de poder pactuado no Tratado de Nice. O projeto da Constituição

---

215 O Conselho Europeu se fortalece com a estrutura do projeto de Constituição européia, e esse fortalecimento é mais visível com a instituição de um ministério das relações exteriores comum previsto no art. I-27.

216 Vide o periódico espanhol El País, de 04 de outubro de 2003, *Aznar Acude a Roma con la Intención de Mantener el Actual Reparto de Poder*, p. 3, e de 3 novembro de 2003, *El Desencuentre España y Polonia bloquean el Debate Final de la Constitución*, p. 2.

217 Cf. a respeito quadro ilustrativo da representação política dos Estados-membros, apresentado ao final desta obra.

218 A reunião (Conferência Intergovernamental) havida em Roma no final de 2003 ocorreu em caráter extraordinário e sua finalidade foi a de fixar o panorama final da Constituição européia.

européia, elaborado pela Convenção Européia, apresenta uma nova fórmula de representação política perante o Conselho Europeu que retira poder especialmente dos países médios e pequenos. Países como Espanha e Polônia, nos termos do vigente Tratado de Nice, possuem capacidade de evitar, por seu voto (que se torna veto) políticas que não sejam de seu interesse.

Os pequenos, como Luxemburgo e Bélgica, formam o maior grupo, embora não tenham impacto político significativo tanto num modelo de representação quanto no outro, têm por objetivo comum manter a disposição de um comissário com direito a voto para cada país. O projeto constitucional, no entanto, determina que, a partir de novembro de 2009, só haverá 15 comissários com direito a voto. A Áustria encabeça os pequenos, que também são apoiados pela Comissão e o Parlamento Europeu.

O projeto de Constituição européia, especialmente no que respeita à nova fórmula de representação política, é produto de um grande pacto entre os países maiores, principalmente entre França e Alemanha, diante da ampliação do número de países-membros de 15 para 25. A modificação da fórmula de representação do Tratado de Nice serviria ao propósito de reforçar, diante dos países médios e pequenos, o peso político dos quatro grandes países da União Européia, quais sejam, Alemanha, França, Itália e Reino Unido. Com efeito, os Estados-membros, que até agora tinham dois nacionais na Comissão, pretendiam obter uma certa compensação devido à alteração, na seqüência do alargamento, da composição da Comissão.

Além disso, a adesão dos dez novos Estados-membros (a maior parte dos quais são pouco populosos) poderia afetar o equilíbrio entre Estados-membros no que se refere à tomada de decisão no Conselho, caso se mantivesse o antigo sistema de ponderação dos votos. A Conferência Intergovernamental analisou diferentes soluções, desde uma ponderação estreitamente ligada ao peso demográfico até um sistema de dupla maioria simples (maioria de Estados-membros e maioria da população da União). Finalmente, foi possível chegar a um compromisso graças a uma nova ponderação dos votos, que prevê o aumento do número de votos para todos os Estados-membros, sem deixar de aumentar também os votos dos Estados-membros mais populosos.[219]

Dessa maneira, no projeto da Constituição européia está assinalado que, a partir de 2009, as decisões do Conselho Europeu deverão ser acatadas se aprovadas por uma dupla maioria, ou seja, a metade mais um dos países que representam ao menos 60% da população da União. Os votos de cada país terão relação direta com sua população. Desse modo, os países cujas populações somadas representem 40% do total poderiam bloquear quaisquer decisões da União. Assim, a Alemanha (17% da população) e mais dois grandes (os outros três têm ao redor de 12% da população européia cada um) poderão bloquear toda a iniciativa legal que lhes incomodem.

Apresentamos, a seguir, quadro comparativo do sistema de votação no conforme o Tratado de Nice e conforme o projeto de Constituição européia.

---

[219] Vide a página de internet da União Européia: http://europa.eu.int/scadplus/nice_treaty/ council_pt.htm.

Quadro nº 1:
Ponderação do Peso Político dos Estados Integrantes da União Européia: Comparação dos Sistemas de Votação

	POPULAÇÃO		VOTOS Tratado de Nice	VOTOS Constituição Européia	1 país/ 1 voto	Votos/ População
	EM MILHÕES	%				
Alemanha	82,04	17,05%	10	29	1	170
Reino Unido	59,25	12,31%	10	29	1	122
França	58,97	12,26%	10	29	1	123
Itália	57,61	11,97%	10	29	1	120
Espanha	39,39	8,19%	8	27	1	82
Polônia	38,67	8,04%		27	1	80
Holanda	15,76	3,28%	5	13	1	33
Grécia	10,53	2,19%	5	12	1	22
Rep. Checa	10,29	2,14%		12	1	21
Bélgica	10,21	2,12%	5	12	1	21
Hungria	10,09	2,10%		12	1	21
Portugal	9,98	2,07%	5	12	1	21
Suécia	8,85	1,84%	4	10	1	18
Áustria	8,08	1,68%	4	10	1	17
Eslováquia	5,39	1,12%		7	1	11
Dinamarca	5,31	1,10%	3	7	1	11
Finlândia	5,16	1,07%	3	7	1	11
Irlanda	3,74	0,78%	3	7	1	8
Lituânia	3,7	0,77%		7	1	8
Letônia	2,44	0,51%		4	1	5
Eslovênia	1,98	0,41%		4	1	4
Estônia	1,45	0,30%		4	1	3
Chipre	0,75	0,16%		4	1	2
Luxemburgo	0,43	0,09%	2	4	1	1
Malta	0,38	0,08%		3	1	1
TOTAL	481,17	100,00%	87	321	27	1000
Maioria Qualificada:			62 votos = 71,30%	232 votos = 72,27%	14 estados = 51%	600 votos = 60%

(Fonte: Página de internet da União Européia: http://europa.eu.int)

É uma mudança radical em relação à atual política, definida pelo Tratado de Nice, aprovado em dezembro de 2000 e em vigor desde fevereiro de 2002. Ficou pactuado nesse Tratado uma repartição segundo a qual os quatro grandes teriam 29 votos cada um, num universo de 321, e o mínimo de votos para haver bloqueio ficou fixado em 90. Pelo sistema do Tratado de Nice, por outro lado, nem três países grandes juntos conseguiriam bloquear políticas da União, porém passarão a contar com essa possibilidade se aprovada a fórmula de representação do projeto constitucional.

Ademais, pelo texto do projeto, os países médios e pequenos necessitariam de muito mais aliados para chegar aos 40% da população européia necessária para apresentar bloqueio. A Alemanha, atualmente com cerca de 80 milhões de habitantes, terá, sem dúvida nenhuma, mais poder do que qualquer outro integrante da União Européia no Conselho Europeu e também no Parlamento, onde terá 99 votos num novo universo de 736.[220]

Os seis países fundadores (Alemanha, Bélgica, França, Holanda, Itália, e Luxemburgo) não admitem mudanças significativas no texto do projeto constitucional. Mesmo sendo em menor número, seu peso econômico supera o dos demais juntos, excluindo o Reino Unido, que é tratado como um caso à parte.

Poucas sugestões de alteração têm sido feitas à essência do texto do projeto, que compreende: a própria existência de uma Constituição para a Europa, a criação de um ministro de Relações Exteriores europeu, o aumento da competência da Eurocâmara, a eliminação do direito de veto em

---

[220] Observamos que, se o projeto constitucional for promulgado na sua atual formatação, a Câmara terá mais poder de decisão do que no modelo atual.

importantes áreas (excluindo Relações Exteriores e Defesa Comum), a inclusão da Carta dos Direitos Fundamentais, a cláusula de assistência mútua em caso de ataque terrorista ou catástrofe, o impulso às políticas comuns de Relações Exteriores e de Defesa ou a possibilidade de apresentação de iniciativa legislativa concreta mediante o quorum de um milhão de europeus.

Na página seguinte há um quadro que ilustra, de modo sintético, as posições dos Estados-membros da União (e também da Comissão e do Parlamento europeus) em relação aos pontos mais relevantes do projeto ora em negociação.

Outro dado preocupante, e que pode representar dificuldades para a resolução de problemas concretos que fatalmente decorrerão do déficit democrático de representação, é apresentado na advertência de Jacques ZILLER e Jaroslav LOTARSKI, haja vista que o projeto constitucional não parece ter dado relevância à organização de um Poder Judiciário europeu:

> As disposições relativas ao Poder Judiciário da União podem dificilmente ser reduzidas a um único artigo do tratado constitucional. A nosso sentido, um (curto) capítulo deveria ter sido consagrado às instituições judiciárias em razão de caráter particular das jurisdições que funcionam seguindo as modalidades e os procedimentos próprios, diferentes daqueles que regem o funcionamento das instituições 'políticas' da União (Parlamento, Conselho, Comissão).[221]

O capítulo II do Título IV da Parte I, sob a rubrica de *outras instituições e órgãos*, no seu art. I-29 disciplina o

---

221 ZILLER, Jacques e LOTARSKI, Jaroslav. "Institutions et Organes Judiciaires." In *Ten Reflections...* Op.cit., p.167.

Banco Central europeu. Ainda nesse capítulo, consagra-se no artigo I-30 a instituição do Tribunal de Contas e, no artigo I-31, os órgãos consultivos como o importante Comitê de regiões. Recorremos mais uma vez a NANCLARES, que sintetiza da seguinte os avanços dados na disciplina do processo legislativo da União Européia:

> A regulamentação concreta dos instrumentos jurídicos que emprega a União no exercício das competências que lhe são atribuídas (art. I-32). Parte, portanto, de uma nítida distinção inicial entre atos legislativos (art. I-33) e atos não-legislativos (art. I-34), prevendo igualmente a existência junto a eles de atos (jurídicos) delegados (art. I-35). Optou-se assim, por um sistema novo que, em sua nomenclatura, rompe com a terminologia clássica (regulamentos, diretivas, decisões...), se bem que sua caracterização material em muitos casos é idêntica a de alguns instrumentos jurídicos existentes atualmente.[222]

---

[222] *Op. cit.*, p. 564.

CONCLUSÃO

O desenvolvimento desta obra demonstrou a importância do constitucionalismo ou do legado constitucional pós-1945. Tal legado fundamentou-se concretamente em constituições como a italiana de 1947, a Lei Fundamental Alemã de 1949, a portuguesa de 1976 e a espanhola de 1978. Foi por força do desenvolvimento desse quadro constitucional de base européia que se projetou, notadamente no campo dos direitos fundamentais, um caráter de universalização[223] para a teoria constitucional gerada nesse referido processo histórico.

Para entendermos esse processo de universalização constitucional que se seguiu ao período após a Segunda Guerra mundial, resgatamos, no capítulo 1, as especificidades histórica e institucional do constitucionalismo norte-americano. Dentro desta linha, deve-se ressaltar o papel do

---

[223] HÄBERLE, Peter. "Derecho Constitucional Común Europeo." In PÉREZ LUÑO, Antonio—Enriques (coord.). *Derechos Humanos y Constitucionalismo ante el Tercer Milenio*. Madrid. Marcial Pons, 1996, pp. 187-223. HÄBERLE é um dos mais destacados constitucionalistas contemporâneos que reconhecem essa expansão de institutos da teoria constitucional pós-1945 em todas as sociedades ocidentais.

fenômeno constitucional norte-americano do final do século XVIII, quando imprimiu na sua Constituição de 1787, no seu artigo 6º, a concepção de a Constituição representar "a lei suprema da terra". Assim, um dos avanços incorporados nessa universalização do constitucionalismo pós-1945 é a concepção da superioridade normativa do texto constitucional. Para tanto, abriu-se o debate nestes últimos sessenta anos do papel de juiz (jurisdição constitucional na Europa, *judicial review* nos Estados Unidos) na concretização das normas constitucionais. Esse contexto, como vimos, não tem sido pacífico e a própria tradição constitucional européia veio contrapor, nesse momento pós-1945, a noção da ordem democrática por via do legislador.

Independentemente dessas contradições, permaneceu de forma afirmativa a prevalência da Constituição instrumentalizada pelo conjunto dos direitos fundamentais, por meio do constitucionalismo europeu.

Durante os anos 90 do século XX, tanto na Europa, quanto do outro lado do Atlântico, nos Estados Unidos, presenciamos o fenômeno da *crise* da Constituição, que acabou materializada no universo constitucional por uma idéia de *um direito flexível* ou de *um direito informal*. Algo que acabou, por uma conseqüência natural, fortalecendo ainda mais o peso da principiologia e de valores como foi incorporado pelo legado constitucional pós-1945 de acordo, aliás, com o nosso capítulo 1.

Vale registrar, ainda, que o projeto constitucional europeu reafirma o papel da Constituição como um instrumento de sentido de superioridade normativa mesmo dentro desse movimento, na década de 90 do século passado, marcado pelo seu enfraquecimento institucional.

Não podemos esquecer que a projeção de uma Constituição européia ultrapassa esses fatores limitadores do constitucionalismo do final do século XX em razão da própria lógica da construção da União Européia. Nesse sentido, Francesc de Carreras SENA[224] recupera todo um esforço do parlamento europeu, através de uma comissão própria, de elaborar um projeto constitucional no inicio da última década do século passado. Quanto a esse projeto citado, antecipa muitas discussões travadas no atual projeto constitucional europeu, tais como: a dicotomia entre cidadãos e Estados como responsáveis pela sua legitimidade, a natureza jurídica da União Européia, o conceito de convenção etc..

A fragilidade e a crise da Constituição acabaram por se impor. O impasse da conferência intergovernamental européia para aprovar o projeto constitucional, em dezembro de 2003, demonstrou cabalmente que, ao contrário da experiência do constitucionalismo norte-americano do século XVIII, um texto constitucional hoje em dia é incapaz de prevalecer e criar uma comunidade institucional da natureza da União Européia.

Nesse sentido, no capítulo 2 dessa obra, demonstramos o acerto de pensamentos como o de HABERMAS,[225] propondo o fortalecimento dos partidos nacionais europeus e de uma governança mundial, ou de SIEDENTOP, a defender alternativas políticas como a instituição de um senado europeu e de um supremo tribunal dentro dos parâmetros da experiência do constitucionalismo norte-americano.

Apesar dos limites da Constituição em nossos dias, apontamos, no capítulo 4, que a Europa está sendo capaz de construir um constitucionalismo original, a partir de uma nova teoria constitucional que, na verdade, decorre da análise do processo histórico de formação da própria União

---

[224] SENA, Francesc de Carreras. "Por una Constitución Europea." *In Derechos Humanos y Constitucionalismo...*, op.cit., pp. 225 a 254.
[225] HABERMAS, Jürgen. *The Postnational Constellation, op. cit.*.

Européia. Não obstante as importantes discussões acerca da legitimidade tanto do projeto de Constituição quanto da própria Constituição européia tal como esta tem sido concretizada, é inegável que esse novo constitucionalismo europeu têm apresentado avanços teóricos significativos, especialmente os seguintes:

(1) Uma teoria do *poder constituinte originário* por meio da categoria da *convenção*;

(2) Um modelo de norma constitucional-modelo a partir de uma *Constituição-tratado*;

(3) Uma concepção de *federalismo supranacional* (ALDECOA) ou, dito de outro modo, um *federalismo de Estados Soberanos* (BADINTER);

(4) A instituição de um sistema de natureza especial de multiníveis, como ocorre com a proteção e garantia dos Direitos Fundamentais de modo diferenciado em cada Estado-membro, conforme a velocidade de cada um (*cf.* o art. I.7.2 do projeto constitucional europeu).

Por último, no quadro a seguir, apresentamos o mapeamento da posição de cada integrante da União Européia a respeito de certos temas do projeto de Constituição européia, de modo a ilustrar as principais diferenças entre eles.

Quadro nº 2: Posição dos Entes da União Européia por Temas Institucionais.

	Fundadores: Alemanha, França, Itália, Bélgica, Holanda e Luxemburgo	Espanha e Polônia	Reino Unido	Novos entrantes	Países pequenos	Comissão Européia	Parlamento Europeu
1. Eliminadas as presidências semestrais. U.E. terá um presidente estável durante dois anos e meio, prorrogáveis por outros dois a mais	SIM	SIM	SIM	NÃO	NÃO	Não está satisfeita, porém aceita	SIM
2. Não haverá um comissário por país. A Comissão terá 15 comissários com cadeira e direito a voto. Haverá países sem cadeira e sem direito a voto.	SIM	NÃO	SIM	NÃO	NÃO	NÃO. Deve haver um por país	SIM (com dúvidas)
3. O direito de veto deve desaparecer como norma geral, salvo em Política Exterior e Defesa.	SIM	*	O veto deve manter-se em fiscalização, seguridade social e procedimentos penais	SIM	SIM	SIM	SIM
4. Haverá um ministro europeu de Relações Exteriores, que será vice-presidente da Comissão	SIM	*	O ministro deve responder perante os governos	SIM	SIM	SIM	SIM
5. Os países com capacidades militares adequadas, se assim desejarem, poderão formar um núcleo de defesa com uma cláusula de defesa mútua	SIM	SIM	NÃO a cláusula de defesa porque já existiria a estrutura da OTAN	DIVIDIDOS	DIVIDIDOS	SIM	SIM
6. As decisões do Conselho serão válidas quando forem aprovadas por uma maioria qualificada que represente ao menos a 60% da população da União Européia	SIM	NÃO (Querem manter os termos do Tratado de Nice)	Está satisfeito com os termos de Nice, mas aceitaria outras opções	NÃO	NÃO. Porém aceitariam se houvesse um comissário por país	SIM. Porém preferiria maioria dupla simples	SIM
7. O preâmbulo cita a herança cultural, religiosa e humanista da Europa. Há países que querem incluir referência expressa aos valores cristãos.	NÃO (Itália vota SIM)	SIM	NÃO	DIVIDIDOS	DIVIDIDOS	NÃO	NÃO
8. A Constituição ou sua revisão terão que ser revisadas por unanimidade	SIM	SIM	SIM	SIM	SIM	NÃO. Deve ser por maioria	SIM

(Fonte: Jornal *El País*, 4 de outubro de 2003, caderno internacional, p. 3.)

Apêndice

O FUTURO DA UNIÃO EUROPÉIA: DECLARAÇÃO DE LAEKEN (2001)

I. A EUROPA NUMA ENCRUZILHADA

Durante séculos, povos e Estados procuraram adquirir o controlo do continente europeu com guerras e armas. Neste continente debilitado por duas guerras sangrentas e pelo enfraquecimento da sua posição no mundo, foi aumentando a consciência de que o sonho de uma Europa forte e unida só pode ser concretizado em paz e concertação. Para vencer definitivamente os demônios do passado, foi inicialmente lançada uma comunidade do carvão e do aço, a que se juntaram mais tarde outras atividades econômicas, como a agricultura. Por fim, acabou por criar-se um verdadeiro mercado único de mercadorias, pessoas, serviços e capitais, a que se juntou, em 1999, uma moeda única. Em 1 de Janeiro de 2002, o euro passa a ser uma realidade na vida quotidiana de 300 milhões de cidadãos europeus.

A União Européia foi, portanto, criada progressivamente. A princípio, tratava-se sobretudo de uma cooperação econômica e técnica. Há vinte anos, a primeira eleição direta do Parlamento Europeu veio reforçar consideravelmente a legitimidade democrática, que até aí assentava unicamente no Conselho. Nos últimos dez anos, foram lançadas as bases de uma união política e estabelecida uma cooperação nos domínios da política social, emprego, asilo, migração, polícia, justiça e política externa, bem como uma política comum de segurança e defesa.

A União Européia é um êxito. Há já mais de meio século que a Europa vive em paz. Juntamente com os Estados Unidos da América e o Japão, a União é uma das três regiões mais prósperas do planeta. Graças à solidariedade mútua e a uma repartição eqüitativa dos frutos do desenvolvimento econômico, registrou-se um forte aumento do nível de vida das regiões mais desfavorecidas da União, o que lhes permitiu recuperar em grande parte o seu atraso.

Volvidos cinqüenta anos desde a sua criação, a União encontra-se, porém, numa encruzilhada, num momento crucial da sua existência. A unificação da Europa está iminente. A União está prestes a alargar-se a mais de dez novos Estados-membros, principalmente da Europa Central e Oriental, e a virar assim definitivamente uma das páginas mais negras da História Européia: a segunda guerra mundial e a divisão artificial da Europa que se lhe seguiu. A Europa está finalmente em vias de se transformar, sem derrame de sangue, numa grande família; esta verdadeira mutação requer obviamente uma abordagem diferente da que foi adotada há cinqüenta anos, quando seis países tomaram a iniciativa.

O desafio democrático europeu

Simultaneamente, a União vê-se confrontada com um duplo desafio, um interno e outro externo.

No interior da União, há que aproximar as instituições européias do cidadão. Os cidadãos, subscrevem, sem dúvida, os grandes objetivos da União, mas nem sempre entendem a relação entre esses objetivos e a atuação da União no quotidiano. Pedem às instituições que sejam menos pesadas e rígidas e, sobretudo, mais eficientes e transparentes. Muitos consideram também que a União se deve dedicar mais às suas preocupações concretas e não entrar em pormenores em domínios que, pela sua natureza, poderiam ser confiados com vantagem aos eleitos dos Estados-membros e das regiões. Alguns vêem mesmo nisso uma ameaça à sua identidade. Mas, o que é porventura ainda mais importante, os cidadãos consideram que, demasiadas vezes, tudo é combinado nas suas costas e desejam um maior controlo democrático.

O novo papel da Europa num mundo globalizado

Por outro lado, fora das suas fronteiras, a União Européia vê-se confrontada com um mundo globalizado em rápida mutação. Depois da queda do muro de Berlim, afigurou-se que iríamos viver por muito tempo numa ordem mundial estável e isenta de conflitos, que assentaria nos direitos humanos. Ora, passados poucos anos esta certeza desapareceu. O dia 11 de Setembro veio abrir-nos brutalmente os olhos. As forças contrárias não desapareceram. O fanatismo religioso, o nacionalismo étnico, o racismo e o terrorismo estão a ganhar terreno e continuam a ser alimentados pelos conflitos regionais, pela pobreza e pelo subdesenvolvimento.

Qual o papel da Europa neste mundo alterado? Não deverá a Europa, agora que está finalmente unida, desempenhar um papel de vanguarda numa nova ordem planetária, o de uma potência que está em condições de desempenhar um papel estabilizador a nível mundial e de constituir uma referência para inúmeros países e povos? A Europa, continente dos valores humanos, da Magna Carta, da Bill of Rights, da Revolução Francesa, da queda do Muro de Berlim. O continente da liberdade, da solidariedade e, acima de tudo, da diversidade, o que implica o respeito pelas línguas, culturas e tradições dos outros. A única fronteira que a União Européia estabelece é a da democracia e dos direitos humanos. A União apenas está aberta aos países que respeitem os valores fundamentais, como eleições livres, o respeito das minorias e o respeito pelo Estado de direito.

Agora que a guerra fria acabou e que vivemos num mundo globalizado, mas simultaneamente muito fragmentado, a Europa deve assumir as suas responsabilidades na gestão da globalização. O papel que deve desempenhar é o de uma potência que luta decididamente contra todas as formas de violência, terror ou fanatismo, mas que também não fecha os olhos às injustiças gritantes que existem no mundo. Em resumo, uma potência que se propõe alterar as condições no mundo por forma a que não ofereçam vantagens apenas aos países ricos, mas também aos países mais pobres. Uma potência que pretende dar um enquadramento ético à globalização, ou seja, inseri-la na solidariedade e no desenvolvimento sustentável.

As expectativas do cidadão europeu

A imagem de uma Europa democrática e empenhada a nível mundial vai perfeitamente ao encontro dos desejos do cidadão. Este manifestou muitas vezes o seu desejo de que a União desempenhe um papel mais importante nos domínios da justiça e da segurança, da luta contra a criminalidade transfronteiras, do controlo dos fluxos migratórios, do acolhimento de requerentes de asilo e de refugiados provenientes de zonas de conflito periféricas. O cidadão quer igualmente resultados nos domínios do emprego e da luta contra a pobreza e a exclusão social, bem como no domínio da coesão econômica e social. Reclama uma abordagem comum no que respeita à poluição ambiental, às alterações climáticas e à segurança dos alimentos. Trata-se, em suma, de questões transfronteiras que ele, intuitivamente, sabe que só podem ser resolvidas através da cooperação. Tal como pretende também um papel mais importante da Europa a nível dos assuntos externos, da segurança e da defesa, por outras palavras, uma ação reforçada e mais bem coordenada na luta contra os focos de crise na Europa, em seu redor e no resto do mundo.

Simultaneamente, esse mesmo cidadão considera que a União vai demasiado longe e tem uma atuação excessivamente burocrática em muitos outros domínios. A coordenação do enquadramento econômico, financeiro e fiscal deve continuar a nortear-se pelo bom funcionamento do mercado interno e pela moeda única sem pôr em causa as especificidades dos Estados-membros. As diferenças nacionais e regionais são muitas vezes fruto da história ou da tradição e podem revelar-se enriquecedoras. Por outras palavras, o que se entende por "boa governação" é a criação de novas oportunidades e não de novos fatores de rigidez. O que importa é produzir mais resultados, melhores respostas a questões concretas e não criar um super-Estado nem instituições européias que se ocupem de tudo e mais alguma coisa.

Resumindo, o cidadão pretende uma abordagem comunitária clara, transparente, eficaz e conduzida de forma democrática. Uma abordagem que transforme a Europa num farol que indique o rumo para o futuro do mundo. Uma abordagem que dê resultados concretos traduzidos em mais emprego, melhor qualidade de vida, menos criminalidade, um ensino de qualidade e melhores cuidados de saúde. Não há dúvida de que, para tanto, a Europa se deve renovar e reformar.

II. OS DESAFIOS E AS REFORMAS NUMA UNIÃO RENOVADA

A União deve passar a ser mais democrática, mais transparente e mais eficaz. Deve também dar resposta a três desafios fundamentais: Como aproximar os cidadãos, e em primeiro lugar os jovens, do projeto europeu e das instituições européias? Como estruturar a vida política e o espaço político europeu numa União alargada? Como fazer da União um fator de estabilização e uma referência no novo mundo multipolar? Para encontrar respostas, devem ser colocadas algumas questões precisas.

Uma melhor repartição e definição das competências na União Européia

O cidadão acalenta muitas vezes expectativas quanto à União Européia que esta nem sempre satisfaz. E, inversamente, fica muitas vezes com a impressão de que a União intervém demasiado em domínios em que a sua presença não é indispensável. É, pois, importante esclarecer a repartição de competências entre a União e os Estados-membros, simplificá-la e ajustá-la em função dos novos desafios com que a União se depara. Este processo poderá conduzir tanto à devolução de algumas tarefas aos Estados-membros como à atribuição de novas missões à União ou ao alargamento das competências existentes. A este respeito, não se deve nunca perder de vista a igualdade e a solidariedade entre os Estados-membros.

A primeira série de perguntas a fazer prende-se com a forma de tornar mais transparente a repartição das competências. Poderemos, para o efeito, estabelecer uma distinção mais clara entre três tipos de competências: as competências exclusivas da União, as competências exclusivas dos Estados-membros e as competências partilhadas? A que nível serão estas competências exercidas da forma mais eficaz? Como aplicar, neste contexto, o princípio da subsidiariedade? Não será oportuno precisar que todas as competências que não sejam atribuídas à União por força dos Tratados são da competência exclusiva dos Estados-membros? Quais as conseqüências daí decorrentes?

A série de perguntas seguinte destina-se a ponderar, neste quadro renovado e no respeito do acervo comunitário, a oportunidade de reestruturar as competências. Neste contexto, de que forma poderão as expectativas dos cidadãos servir de fio condutor? Quais as tarefas daí decorrentes para a União? E, por outro lado, quais as tarefas que será melhor deixar ao cuidado dos Estados-membros? Quais serão as alterações necessárias a introduzir no Tratado relativamente às diferentes políticas? Como desenvolver, por exemplo, uma política externa comum e uma política de defesa mais coerentes? Será necessário reatualizar as missões de Petersberg? Queremos adotar uma abordagem mais integrada em termos de cooperação policial e em matéria penal? Como reforçar a coordenação das políticas econômicas? Devemos intensificar a cooperação nos domínios da inclusão social, ambiente, saúde e segurança dos alimentos? Por outro lado, não deverão a gestão quotidiana e a implementação da política da União ficar em maior medida a cargo dos Estados-membros e, nos casos em que a sua constituição o preveja, das regiões? Não lhes deverão ser dadas garantias de que não serão postas em causa as suas competências?

Por último, coloca-se a questão de saber como assegurar que a nova repartição de competências não conduza a um alargamento furtivo das competências da União ou a uma ingerência nos domínios da competência exclusiva dos Estados-membros ou, eventualmente, das regiões. Como evitar, simultaneamente, a paragem da dinâmica Européia? Com efeito, a União deve poder continuar a reagir, também no futuro, a novos desafios e evoluções e a explorar novos domínios de atuação. Será necessário proceder, para o efeito, a uma revisão dos artigos 95.º e 308.º do Tratado, com base no acervo jurisprudencial?

A simplificação dos instrumentos da União

Não importa apenas saber quem faz o quê. A questão da forma como a União atua e dos instrumentos a que recorre é igualmente importante. As sucessivas alterações dos Tratados conduziram em todo o caso a uma proliferação de instrumentos. E, a pouco e pouco, as diretivas evoluíram para se tornarem atos legislativos cada vez mais pormenorizados. A questão central que se coloca é, pois, a de saber se os diferentes instrumentos da União não deverão ser mais bem definidos e se não convirá reduzir o respectivo número.

Por outras palavras, deverá ser estabelecida uma distinção entre medidas legislativas e medidas de execução? Deverá o número dos instrumentos legislativos ser reduzido: normas diretas, legislação-quadro e instrumentos não vinculativos (pareceres, recomendações, coordenação aberta)? Será ou não desejável recorrer com maior freqüência à legislação-quadro, que dá aos Estados-membros maior espaço de manobra para alcançar os objetivos políticos?

Quais as competências em que a coordenação aberta e o reconhecimento mútuo constituem os instrumentos mais adequados? Continuará o princípio da proporcionalidade a ser o princípio de base?

Mais democracia, transparência e eficácia na União Européia

A União Européia baseia a sua legitimidade nos valores democráticos que transmite, nos objetivos que prossegue e nas competências e instrumentos de que dispõe. Todavia, a legitimidade do projeto europeu assenta também em instituições democráticas, transparentes e eficazes. Os parlamentos nacionais contribuem igualmente para a legitimação do projeto europeu. A declaração respeitante ao futuro da União, anexa ao Tratado de Nice, sublinhou a necessidade de analisar o papel dos parlamentos nacionais na construção Européia. De um modo mais geral, coloca-se a questão de saber quais as iniciativas que podem ser tomadas para desenvolver um espaço público europeu.

A primeira questão que se levanta é a de como podemos aumentar a legitimidade democrática e a transparência das atuais instituições, questão essa que se coloca às três instituições.

Como poderão ser reforçadas a autoridade e a eficácia da Comissão Européia? Como deverá ser designado o presidente da Comissão: pelo Conselho Europeu, pelo Parlamento Europeu ou em eleições diretas pelos cidadãos? Deverá reforçar-se o papel do Parlamento Europeu? Será ou não oportuno alargar o seu poder de co-decisão? Deverá ser revista a forma como elegemos os membros do Parlamento Europeu? Será necessário criar um círculo eleitoral europeu ou continuam a ser mais indicados os círculos nacionais? Poderão os dois sistemas ser combinados? Deverá o papel do Conselho ser reforçado? Deverá o Conselho atuar da mesma maneira na sua qualidade de legislador e na de órgão executivo? Tendo em vista uma maior transparência, deverão as sessões do Conselho, pelo menos na sua função de legislador, passar a ser públicas? Deverá o cidadão ter um maior acesso aos documentos do Conselho? Por último, como assegurar o equilíbrio e o controlo mútuo entre as instituições?

A segunda questão, que também se relaciona com a legitimidade democrática, diz respeito ao papel dos parlamentos nacionais. Deverão estar representados numa nova instituição, a par do Conselho e do Parlamento Europeu? Deverão desempenhar um papel nos domínios da atuação Européia em que o Parlamento Europeu não tem competência? Deverão concentrar-se na repartição de competências entre a União e os Estados-membros, por exemplo mediante um controlo prévio da observância do princípio da subsidiariedade?

A terceira questão que se levanta prende-se com a melhoria da eficiência do processo decisório e do funcionamento das instituições numa União composta por cerca de trinta Estados-membros. Como poderá a União fixar melhor os seus objetivos e as suas prioridades e assegurar uma melhor execução dos mesmos? Serão necessárias mais decisões tomadas por maioria qualificada? Como simplificar e acelerar o procedimento de co-decisão entre o Conselho e o Parlamento Europeu? Será de manter a rotação semestral da Presidência da União? Qual o papel a dar ao Conselho Europeu? Qual o papel e a estrutura dos diferentes Conselhos? Como reforçar a coerência da política externa Européia? Como reforçar a sinergia entre o Alto-Representante e o Comissário competente? Deverá a representação externa da União em instâncias internacionais ser ainda reforçada?

A caminho de uma Constituição para os cidadãos europeus

Neste momento, a União Européia tem quatro Tratados. Os objetivos, as competências e os instrumentos políticos da União encontram-se dispersos por estes quatro Tratados. Na perspectiva de uma maior transparência, é indispensável proceder a uma simplificação.

Neste contexto, podem levantar-se quatro tipos de questões. A primeira diz respeito à simplificação dos Tratados existentes, sem alterar o seu conteúdo. Deverá ser revista a distinção entre a União e as Comunidades? E quanto à divisão em três pilares?

Em seguida, levanta-se a questão de uma possível reestruturação dos Tratados. Deverá ser estabelecida uma distinção entre um Tratado de base e as outras disposições dos Tratados? Deverá essa separação ser levada a efeito? Poderá isto conduzir a uma distinção entre os processos de alteração e ratificação do Tratado de base e as restantes disposições do Tratado?

Além disso, haverá que refletir sobre a conveniência de incluir a Carta dos Direitos Fundamentais no Tratado de base e colocar a questão da adesão da Comunidade Européia à Convenção Européia dos Direitos do Homem.

Por último, coloca-se a questão de saber se esta simplificação e reestruturação não poderão conduzir, a prazo, à aprovação na União de um texto constitucional. Quais deverão ser os elementos de base dessa Constituição? Os valores defendidos pela União, os direitos fundamentais e as obrigações dos cidadãos, as relações dos Estados-membros na União?

III. CONVOCAÇÃO DE UMA CONVENÇÃO SOBRE O FUTURO DA EUROPA

Para assegurar uma preparação tão ampla e transparente quanto possível da próxima Conferência Intergovernamental, o Conselho Europeu decidiu convocar uma Convenção composta pelos principais participantes no debate sobre o futuro da União. Em conformidade com o acima exposto, esta Convenção terá por missão debater os problemas essenciais colocados pelo futuro desenvolvimento da União e analisar as diferentes soluções possíveis.

O Conselho Europeu designou Valéry Giscard d'Estaing Presidente da Convenção e Giuliano Amato e Jean-Luc Dehaene Vice-Presidentes.

Composição

Além do Presidente e dos dois Vice-Presidentes, a Convenção será composta por 15 representantes dos Chefes de Estado ou de Governo dos Estados-membros (1 por Estado-membro), 30 membros dos parlamentos nacionais (2 por Estado-membro), 16 membros do Parlamento Europeu e dois representantes da Comissão. Os países candidatos à adesão participarão plenamente nos debates da Convenção. Estes países estarão representados nas mesmas condições que os Estados-membros (um representante do Governo e dois membros do parlamento nacional) e participarão nos debates, sem no entanto poderem bloquear qualquer consenso que se venha a formar entre os Estados-membros.

Os membros da Convenção só se poderão fazer substituir por suplentes se não estiverem presentes. Os suplentes serão designados da mesma forma que os membros efetivos.

O Præsidium da Convenção será composto pelo Presidente da Convenção, pelos dois Vice-Presidentes da Convenção e por nove membros oriundos da Convenção (os representantes de todos os Governos que durante a Convenção exerçam a Presidência do Conselho, dois representantes dos parlamentos nacionais, dois representantes dos membros do Parlamento Europeu e dois representantes da Comissão).

Serão convidados, na qualidade de observadores: três representantes do Comitê Econômico e Social, juntamente com três representantes dos parceiros sociais europeus; em nome do Comitê das Regiões, seis representantes (a designar pelo Comitê das Regiões, entre as regiões, as cidades e as regiões com competência legislativa); e o Provedor de Justiça Europeu. O Presidente do Tribunal de Justiça e o Presidente do Tribunal de Contas poderão intervir perante a Convenção, a convite do Præsidium.

Duração dos trabalhos

A Convenção realizará a sua sessão inaugural em 1 de Março de 2002. Nessa ocasião, designará o Præsidium e determinará os seus métodos de trabalho. Os trabalhos serão completados após um ano, a tempo de o Presidente da Convenção poder apresentar os respectivos resultados ao Conselho Europeu.

Métodos de trabalho

O Presidente preparará o início dos trabalhos da Convenção a partir dos ensinamentos tirados do debate público. O Præsidium terá um papel impulsionador e fornecerá uma primeira base para os trabalhos da Convenção.

O Præsidium poderá consultar os serviços da Comissão e os peritos da sua escolha sobre qualquer questão técnica que considerar necessário aprofundar. Para o efeito, poderá criar grupos ad hoc.

O Conselho manter-se-á informado da situação dos trabalhos da Convenção. O Presidente da Convenção apresentará a cada Conselho Europeu um relatório oral sobre o andamento dos trabalhos, o que permitirá, em cada uma dessas ocasiões, recolher as opiniões dos Chefes de Estado ou de Governo.

A Convenção reunir-se-á em Bruxelas. Tanto os debates da Convenção como a totalidade dos documentos oficiais serão facultados ao público. A Convenção utilizará as onze línguas de trabalho da União.

Documento final

A Convenção estudará as diferentes questões. Elaborará um documento final que poderá compreender quer diferentes opções, indicando o apoio que as mesmas obtiveram, quer recomendações, em caso de consenso.

O documento final, juntamente com o resultado dos debates nacionais sobre o futuro da União, servirá de ponto de partida para os trabalhos da Conferência Intergovernamental, que tomará as decisões finais.

Fórum

Para alargar o debate e envolver todos os cidadãos, será aberto um Fórum para as organizações que representam a sociedade civil (parceiros sociais, meio empresarial, organizações não governamentais, círculos acadêmicos, etc.). Tratar-se-á de uma rede estruturada de organizações que serão regularmente informadas sobre os trabalhos da Convenção. As suas contribuições virão alimentar o debate. Estas organizações poderão ser ouvidas ou consultadas sobre questões específicas, de acordo com as modalidades a determinar pelo Præsidium.

Secretariado

O Præsidium será assistido por um Secretariado da Convenção, que será assegurado pelo Secretariado-Geral do Conselho. Nele poderão ser integrados peritos da Comissão e do Parlamento Europeu.

Apêndice

Projeto de TRATADO QUE ESTABELECE UMA CONSTITUIÇÃO PARA A EUROPA[226]
Aprovado por Consenso pela Convenção Européia em 13 de Junho e 10 de Julho de 2003

Prefácio

Tendo constatado que a União Européia se encontrava numa encruzilhada decisiva da sua existência, o Conselho Europeu, reunido em Laeken (Bélgica) em 14 e 15 de Dezembro de 2001, convocou a Convenção Européia sobre o Futuro da Europa. A referida Convenção ficou encarregada de formular propostas sobre três matérias: aproximar os cidadãos do projeto europeu e das instituições Européias; estruturar a vida política e o espaço político europeu numa União alargada; fazer da União um fator de estabilização e uma referência na nova ordem mundial.

A Convenção apontou respostas para as questões levantadas na Declaração de Laeken. Assim:

. propõe uma melhor repartição e definição das competências da União e dos Estados-membros;

---

[226] Íntegra das Partes I e II, que mereceram maior atenção do estudo, culminando na elaboração desta obra.

. recomenda a fusão dos tratados e a atribuição de personalidade jurídica à União;

. estabelece a simplificação dos instrumentos de ação da União;

. propõe medidas destinadas a reforçar a democracia, a transparência e a eficácia da União Européia, desenvolvendo o contributo dos parlamentos nacionais para a legitimidade do projeto europeu, simplificando o processo decisório, tornando o funcionamento das instituições Européias mais transparente e mais compreensível;

. define as medidas necessárias para melhorar a estrutura e reforçar o papel de cada uma das três instituições da União, tendo em conta, designadamente, as conseqüências do alargamento.

A Declaração de Laeken levantou a questão de saber se a simplificação e a reestruturação dos Tratados não deveriam abrir caminho à adoção de um texto constitucional. Os trabalhos da Convenção vieram de fato a resultar na elaboração de um projeto de Tratado que estabelece uma Constituição para a Europa, tendo o texto recolhido um amplo consenso na sessão plenária de 13 de Junho de 2003.

Em nome da Convenção Européia, é esse texto que temos a honra de apresentar hoje, dia 20 de Junho de 2003, ao Conselho Europeu reunido em Tessalônica, desejando que ele seja o fundamento de um futuro Tratado que estabeleça a Constituição Européia.

Valéry Giscard d.Estaing
Presidente da Convenção
Giuliano Amato Jean-Luc Dehaene
Vice-Presidente Vice-Presidente

PROJETO DE TRATADO QUE ESTABELECE UMA CONSTITUIÇÃO PARA A EUROPA

PREÂMBULO

A nossa Constituição ... chama-se "democracia" porque o poder está nas mãos, não de uma minoria, mas do maior número de cidadãos.
Tucídides II, 37

Conscientes de que a Europa é um continente portador de civilização; de que os seus habitantes, chegados em vagas sucessivas desde os tempos mais remotos, aqui desenvolveram progressivamente os valores em que se funda o humanismo: igualdade de todos os seres, liberdade, respeito pela razão, Inspirando-se nas heranças culturais, religiosas e humanistas da Europa, cujos valores, ainda presentes no seu patrimônio, enraizaram na vida da sociedade o papel central da pessoa humana e dos seus direitos invioláveis e inalienáveis, bem como o respeito pelo direito,
Convencidos de que a Europa, agora reunida, tenciona progredir na via da civilização, do progresso e da prosperidade a bem de todos os seus habitantes, incluindo os mais frágeis e os mais desprotegidos, quer continuar a ser um continente aberto à cultura, ao saber e ao progresso social, e deseja aprofundar o caráter democrático e transparente da sua vida pública e atuar em prol da paz, da justiça e da solidariedade no mundo,
Persuadidos de que os povos da Europa, continuando embora orgulhosos da sua identidade e da sua história nacional, estão decididos a ultrapassar as antigas discórdias e,

unidos por laços cada vez mais estreitos, a forjar o seu destino comum,

Certos de que, "unida na diversidade", a Europa lhes oferece as melhores possibilidades de, respeitando os direitos de cada um e estando cientes das suas responsabilidades para com as gerações futuras e para com a Terra, prosseguir a grande aventura que faz dela um espaço privilegiado de esperança humana,

Gratos aos membros da Convenção Européia por terem elaborado a presente Constituição em nome dos cidadãos e dos Estados da Europa,

[Os quais, depois de terem trocado os seus plenos poderes reconhecidos em boa e devida forma, acordaram nas disposições seguintes:]

PARTE I
TÍTULO I: DEFINIÇÃO E OBJETIVOS DA UNIÃO

Artigo I-1º: Estabelecimento da União

1. Inspirada na vontade dos cidadãos e dos Estados da Europa de construírem o seu futuro comum, a presente Constituição estabelece a União Européia, à qual os Estados-membros atribuem competências para atingirem os seus objetivos comuns. A União coordena as políticas dos Estados-membros que visam atingir esses objetivos e exerce em moldes comunitários as competências que eles lhe conferem.

2. A União está aberta a todos os Estados europeus que respeitem os seus valores e se comprometam a promovê-los em comum.

Artigo I-2º: Valores da União

A União funda-se nos valores do respeito pela dignidade humana, da liberdade, da democracia, da igualdade, do Estado de direito, e do respeito pelos direitos humanos. Estes valores são comuns aos Estados-membros, numa sociedade caraterizada pelo pluralismo, a tolerância, a justiça, a solidariedade e a não discriminação.

Artigo I-3º: Objetivos da União

1. A União tem por objetivo promover a paz, os seus valores e o bem-estar dos seus povos.
2. A União proporciona aos seus cidadãos um espaço de liberdade, segurança e justiça sem fronteiras internas e um mercado único em que a concorrência é livre e não falseada.
3. A União empenha-se no desenvolvimento sustentável da Europa, assente num crescimento econômico equilibrado, numa economia social de mercado altamente competitiva que tenha como meta o pleno emprego e o progresso social, e num elevado nível de proteção e de melhoramento da qualidade do ambiente. A União fomenta o progresso científico e tecnológico.

Combate a exclusão social e as discriminações e promove a justiça e a proteção sociais, a igualdade entre mulheres e homens, a solidariedade entre as gerações e a proteção dos direitos das crianças.

Promove a cocsão cconômica, social e territorial, e a solidariedade entre os Estados-membros.

A União respeita a riqueza da sua diversidade cultural e lingüística e vela pela salvaguarda e pelo desenvolvimento do patrimônio cultural europeu.

4. Nas suas relações com o resto do mundo, a União afirma e promove os seus valores e interesses. Contribui para a paz, a segurança, o desenvolvimento sustentável do planeta, a solidariedade e o respeito mútuo entre os povos, o comércio livre e equitativo, a erradicação da pobreza e a proteção dos direitos humanos, em especial os das crianças, bem como para a rigorosa observância e o desenvolvimento do direito internacional, incluindo o respeito pelos princípios da Carta das Nações Unidas.

5. Estes objetivos são prosseguidos pelos meios adequados, em função das competências atribuídas à União na Constituição.

Artigo I-4º: Liberdades fundamentais e não discriminação

1. A livre circulação de pessoas, bens, serviços e capitais, bem como a liberdade de estabelecimento, são garantidas pela União no seu território, em conformidade com o disposto na Constituição.

2. No domínio de aplicação da Constituição, e sem prejuízo das suas disposições específicas, é proibida qualquer discriminação em razão da nacionalidade.

Artigo I-5º: Relações entre a União e os Estados-membros

1. A União respeita a identidade nacional dos Estados-membros, refletida nas estruturas políticas e constitucionais fundamentais de cada um deles, incluindo no que se refere à autonomia local e regional. Respeita também as funções essenciais do Estado, nomeadamente as que se destinam a garantir a integridade territorial, manter a ordem pública e salvaguardar a segurança interna.

2. Em virtude do princípio da cooperação leal, a União e os Estados-membros respeitam-se e assistem-se mutuamente no cumprimento das missões decorrentes da Constituição.

Os Estados-membros facilitam à União o cumprimento da sua missão e abstêm-se de qualquer medida susceptível de pôr em risco a realização dos objetivos enunciados na Constituição.

Artigo I-6º: Personalidade jurídica

A União goza de personalidade jurídica.

TÍTULO II: DIREITOS FUNDAMENTAIS E CIDADANIA DA UNIÃO

Artigo I-7º: Direitos fundamentais

1. A União reconhece os direitos, liberdades e princípios consagrados na Carta dos Direitos Fundamentais, que constitui a Parte II da Constituição.
2. A União procurará aderir à Convenção Européia para a Proteção dos Direitos do Homem e das Liberdades Fundamentais. Essa adesão não altera as competências da União, tal como definidas na Constituição.
3. Os direitos fundamentais, garantidos pela Convenção Européia para a Proteção dos Direitos do Homem e das Liberdades Fundamentais e resultantes das tradições constitucionais comuns aos Estados-membros, fazem parte do direito da União como princípios gerais.

Artigo I-8º: Cidadania da União

1. Possui a cidadania da União todo o nacional de um Estado-membro. A cidadania da União acresce à cidadania nacional, não a substituindo.
2. Os cidadãos da União gozam dos direitos e estão sujeitos aos deveres previstos na Constituição. Assistem-lhes:
. o direito de circular e permanecer livremente no território dos Estados-membros;
. o direito de eleger e ser eleitos nas eleições para o Parlamento Europeu, bem como nas eleições municipais do Estado-membro de residência, nas mesmas condições que os nacionais desse Estado;
. o direito de, no território de países terceiros em que o Estado-membro de que são nacionais não se encontre representado, beneficiar da proteção das autoridades diplomáticas e consulares de qualquer Estado-membro nas mesmas condições que os nacionais desse Estado;
. o direito de dirigir petições ao Parlamento Europeu e o direito de recorrer ao Provedor de Justiça Europeu, bem como o de se dirigir às instituições e aos órgãos consultivos da União numa das línguas da Constituição e de obter uma resposta na mesma língua.
3. Estes direitos são exercidos nas condições e limites definidos pela Constituição e pelas disposições adotadas para a sua aplicação.

TÍTULO III: COMPETÊNCIAS DA UNIÃO

Artigo I-9º: Princípios fundamentais

1. A delimitação das competências da União rege-se pelo princípio da atribuição. O exercício das competências

da União rege-se pelos princípios da subsidiariedade e da proporcionalidade.

2. Em virtude do princípio da atribuição, a União atua nos limites das competências que os Estados-membros lhe tenham atribuído na Constituição a fim de alcançar os objetivos por esta fixados. As competências não atribuídas à União na Constituição pertencem aos Estados--membros.

3. Em virtude do princípio da subsidiariedade, nos domínios que não sejam da sua competência exclusiva, a União intervém apenas quando, e na medida em que, os objetivos da ação projetada não possam ser atingidos de forma suficiente pelos Estados-membros, tanto a nível central como a nível regional e local, podendo contudo, devido às dimensões ou aos efeitos da ação projetada, ser alcançados mais adequadamente ao nível da União.

As instituições da União aplicam o princípio da subsidiariedade em conformidade com o Protocolo relativo à Aplicação dos Princípios da Subsidiariedade e da Proporcionalidade, anexo à Constituição. Os parlamentos nacionais velam pela observância deste princípio de acordo com o processo previsto no referido protocolo.

4. Em virtude do princípio da proporcionalidade, o conteúdo e a forma da ação da União não devem exceder o necessário para atingir os objetivos da Constituição.

As instituições aplicam o princípio da proporcionalidade em conformidade com o protocolo referido no n.º 3.

Artigo I-10º: Direito da União

1. A Constituição e o direito adotado pelas instituições da União no exercício das competências que lhe são atribuídas primam sobre o direito dos Estados-membros.

2. Os Estados-membros tomam todas as medidas gerais ou específicas necessárias para garantir a execução das

obrigações decorrentes da Constituição ou resultantes dos atos das instituições da União.

Artigo I-11º: Categorias de competências

1. Quando a Constituição atribua à União competência exclusiva em determinado domínio, só ela pode legislar e adotar atos juridicamente vinculativos; os próprios Estados-membros só podem fazê-lo se habilitados pela União ou a fim de dar execução aos atos por esta adotados.
2. Quando a Constituição atribua à União uma competência partilhada com os Estados-membros em determinado domínio, a União e os Estados-membros têm o poder de legislar e de adotar atos juridicamente vinculativos nesse domínio. Os Estados-membros exercem a sua competência na medida em que a União não tenha exercido a sua ou tenha decidido deixar de a exercer.
3. A União dispõe de competência para promover e assegurar a coordenação das políticas econômicas e de emprego dos Estados-membros.
4. A União dispõe de competência para definir e implementar uma política externa e de segurança comum, inclusive para definir gradualmente uma política comum de defesa.
5. Em determinados domínios, e nas condições previstas pela Constituição, a União tem competência para desenvolver ações destinadas a apoiar, coordenar ou completar a ação dos Estados-membros, sem substituir a competência destes nesses domínios.
6. A extensão e as regras de exercício das competências da União são determinadas pelas disposições da Parte III especificamente consagradas a cada domínio.

Artigo I-12º: Competências exclusivas

1. A União dispõe de competência exclusiva para estabelecer as regras de concorrência necessárias ao funcionamento do mercado interno, bem como nos seguintes domínios:
. política monetária para os Estados-membros que tenham adotado o euro;
. política comercial comum;
. União Aduaneira;
. conservação dos recursos biológicos do mar, no âmbito da política comum das pescas.
2. A União dispõe de competência exclusiva para celebrar acordos internacionais quando tal celebração esteja prevista num ato legislativo da União, seja necessária para lhe dar a possibilidade de exercer a sua competência interna ou afete um ato interno da União.

Artigo I-13º: Domínios de competência partilhada

1. A União dispõe de uma competência partilhada com os Estados-membros quando a Constituição lhe atribua competência em domínios não contemplados nos artigos I-12º e I-16º.
2. As competências partilhadas entre a União e os Estados-membros aplicam-se aos principais domínios a seguir enunciados:
. mercado interno;
. espaço de liberdade, segurança e justiça;
. agricultura e pescas, com excepção da conservação dos recursos biológicos do mar;
. transportes e redes transEuropéias;
. energia;

. política social, no que se refere aos aspectos definidos na Parte III;
. coesão econômica, social e territorial;
. ambiente;
. defesa dos consumidores;
. problemas comuns de segurança em matéria de saúde pública.

3. Nos domínios da investigação, do desenvolvimento tecnológico e do espaço, a União tem competência para desenvolver ações, nomeadamente para definir e implementar programas, sem que o exercício dessa competência possa impedir os Estados-membros de exercerem a sua.

4. Nos domínios da cooperação para o desenvolvimento e da ajuda humanitária, a União tem competência para empreender ações e desenvolver uma política comum, sem que o exercício dessa competência possa impedir os Estados-membros de exercerem a sua.

Artigo I-14º: Coordenação das políticas econômicas e de emprego

1. A União adota medidas com vista a garantir a coordenação das políticas econômicas dos Estados-membros, adotando, nomeadamente, as orientações gerais dessas políticas. Os Estados-membros coordenam as suas políticas econômicas no âmbito da União.

2. Aos Estados-membros que tenham adotado o euro são aplicáveis disposições específicas.

3. A União Européia adota medidas com vista a garantir a coordenação das políticas de emprego dos Estados-membros, adotando, nomeadamente, as diretrizes para essas políticas.

4. A União pode adotar iniciativas com vista a garantir a coordenação das políticas sociais dos Estados-membros.

Artigo I-15º: Política Externa e de Segurança Comum

1. A competência da União em matéria de Política Externa e de Segurança Comum abrange todos os domínios da política externa, bem como todas as questões relativas à segurança da União, incluindo a definição gradual de uma política comum de defesa que poderá conduzir a uma defesa comum.
2. Os Estados-membros apoiam ativamente e sem reservas a Política Externa e de Segurança Comum da União, num espírito de lealdade e de solidariedade mútua, e respeitam os atos adotados pela União neste domínio. Os Estados-membros abstêm-se de toda e qualquer ação contrária aos interesses da União ou susceptível de prejudicar a sua eficácia.

Artigo I-16º: Domínios de ação de apoio, de coordenação ou de complemento

1. A União pode desenvolver ações de apoio, de coordenação ou de complemento.
2. São os seguintes os domínios de ação de apoio, de coordenação ou de complemento, na sua finalidade Européia:
. indústria;
. proteção e melhoria da saúde humana;
. educação, formação profissional, juventude e desporto;
. cultura;
. proteção civil.
3. Os atos juridicamente vinculativos adotados pela União com base nas disposições da Parte III especificamente consagradas a esses domínios nao podem implicar a harmonização das disposições legislativas e regulamentares dos Estados-membros.

Artigo I-17º: Cláusula de flexibilidade

1. Se se afigurar necessária uma ação da União, no quadro das políticas definidas na Parte III, para atingir um dos objetivos estabelecidos pela Constituição, não prevendo esta os poderes de ação requeridos para o efeito, o Conselho de Ministros tomará as disposições adequadas, deliberando por unanimidade, sob proposta da Comissão e após aprovação do Parlamento Europeu.

2. No âmbito do processo de controlo do princípio da subsidiariedade referido no nº 3 do artigo I-9º, a Comissão alertará os parlamentos nacionais dos Estados-membros para as propostas baseadas no presente artigo.

3. As disposições adotadas com base no presente artigo não podem implicar a harmonização das disposições legislativas e regulamentares dos Estados-membros nos casos em que a Constituição exclua tal harmonização.

TÍTULO IV: INSTITUIÇÕES DA UNIÃO

Capítulo I. Quadro institucional

Artigo I-18º: Instituições da União

1. A União dispõe de um quadro institucional único que visa:
   . prosseguir os objetivos da União;
   . promover os valores da União;
   . servir os interesses da União, dos seus cidadãos e dos seus Estados-membros, bem como assegurar a coerência, a eficácia e a continuidade das políticas e das ações por ela conduzidas para atingir os seus objetivos.

2. O quadro institucional compreende:
O Parlamento Europeu;
O Conselho Europeu;
O Conselho de Ministros;
A Comissão Européia;
O Tribunal de Justiça.
3. Cada instituição atua nos limites das atribuições que lhe são conferidas pela Constituição, em conformidade com os processos e nas condições que esta prevê. As instituições mantêm entre si uma cooperação leal.

Artigo I-19º: Parlamento Europeu

1. O Parlamento Europeu exerce, juntamente com o Conselho de Ministros, a função legislativa e a função orçamental, bem como funções de controlo político e funções consultivas, de acordo com as condições estabelecidas na Constituição. Compete-lhe também eleger o Presidente da Comissão Européia.
2. O Parlamento Europeu é eleito por sufrágio universal direto pelos cidadãos europeus, em escrutínio livre e secreto, por um mandato de cinco anos. O número de deputados não será superior a 736. A representação dos cidadãos europeus é assegurada de modo degressivamente proporcional, sendo fixado um limiar mínimo de quatro deputados por Estado-membro.

Com suficiente antecedência em relação às eleições parlamentares Européias de 2009 e posteriormente, se necessário, para futuras eleições, o Conselho Europeu adotará, por unanimidade, com base numa proposta do Parlamento Europeu e com a aprovação deste, uma decisão que estabeleça a composição do Parlamento Europeu, na observância dos princípios acima definidos.

3. O Parlamento Europeu elege o Presidente e a Mesa de entre os seus membros.

Artigo I-20º: Conselho Europeu

1. O Conselho Europeu dá à União o impulso necessário ao seu desenvolvimento e define as suas orientações e prioridades políticas gerais. Não exerce qualquer função legislativa.
2. O Conselho Europeu é composto pelos Chefes de Estado ou de Governo dos Estados-membros, bem como pelo seu Presidente e pelo Presidente da Comissão. O Ministro dos Negócios Estrangeiros da União participa nos trabalhos do Conselho Europeu.
3. O Conselho Europeu reúne-se uma vez por trimestre, por convocação do seu Presidente.

Quando a ordem de trabalhos o exija, os membros do Conselho Europeu poderão decidir ser assistidos por um Ministro e, no caso do Presidente da Comissão, por um Comissário Europeu. Sempre que a situação o exija, o Presidente convocará uma sessão extraordinária do Conselho Europeu.

4. O Conselho Europeu pronuncia-se por consenso, salvo disposição em contrário prevista na Constituição.

Artigo I-21º: Presidente do Conselho Europeu

1. O Conselho Europeu elege o seu Presidente por maioria qualificada por um mandato de dois anos e meio, renovável uma vez. Em caso de impedimento grave ou de falta grave, o Conselho Europeu pode pôr termo ao seu mandato, de acordo com o mesmo processo.

2. O Presidente do Conselho Europeu:
. dirige e dinamiza os trabalhos do Conselho Europeu;
. assegura a sua preparação e continuidade, em cooperação com o Presidente da Comissão e com base nos trabalhos do Conselho dos Assuntos Gerais;
. atua no sentido de facilitar a coesão e o consenso no âmbito do Conselho Europeu;
. apresenta um relatório ao Parlamento Europeu após cada uma das suas sessões.

O Presidente do Conselho Europeu assegura, ao seu nível e nessa qualidade, a representação externa da União nas matérias do âmbito da Política Externa e de Segurança Comum, sem prejuízo das competências do Ministro dos Negócios Estrangeiros da União.

3. O Presidente do Conselho Europeu não pode exercer qualquer mandato nacional.

Artigo I-22º: Conselho de Ministros

1. O Conselho de Ministros exerce, juntamente com o Parlamento Europeu, a função legislativa e a função orçamental, bem como funções de definição de políticas e de coordenação, de acordo com as condições estabelecidas na Constituição.

2. O Conselho de Ministros é composto por um representante nomeado por cada Estado-membro, a nível ministerial, para cada uma das suas formações. Só esse representante tem poderes para vincular o respectivo Estado-membro e exercer o direito de voto.

3. O Conselho de Ministros delibera por maioria qualificada, salvo disposição em contrário prevista na Constituição.

Artigo I-23º: Formações do Conselho de Ministros

1. O Conselho Legislativo e dos Assuntos Gerais assegura a coerência dos trabalhos do Conselho de Ministros. Na sua qualidade de Conselho dos Assuntos Gerais, prepara as sessões do Conselho Europeu e assegura o seu seguimento, em ligação com a Comissão. Na sua qualidade de Conselho Legislativo, delibera, e pronuncia-se juntamente com o Parlamento Europeu, sobre as leis Européias e as leis-quadro Européias, em conformidade com o disposto na Constituição. Nesta função, a representação de cada Estado-membro é constituída por um ou dois outros representantes a nível ministerial cujas competências correspondam à ordem de trabalhos do Conselho de Ministros.

2. O Conselho dos Negócios Estrangeiros elabora as políticas externas da União, de acordo com as linhas estratégicas definidas pelo Conselho Europeu, e assegura a coerência da sua ação. É presidido pelo Ministro dos Negócios Estrangeiros da União.

3. O Conselho Europeu adotará uma decisão Européia que estabeleça as outras formações em que o Conselho de Ministros se pode reunir.

4. A Presidência das diferentes formações do Conselho de Ministros, com excepção da formação de Negócios Estrangeiros, é assegurada pelos representantes dos Estados-membros no Conselho de Ministros, por períodos mínimos de um ano, com base num sistema de rotação igualitária. O Conselho Europeu adotará uma decisão que estabeleça as regras de rotatividade, tendo em conta os equilíbrios políticos e geográficos europeus e a diversidade dos Estados-membros.

Artigo I-24º: Maioria qualificada

1. Quando o Conselho Europeu ou o Conselho de Ministros deliberem por maioria qualificada, esta será definida como uma maioria de Estados-membros que represente, no mínimo, três quintos da população da União.
2. Quando a Constituição não exija que o Conselho Europeu ou o Conselho de Ministros deliberem com base numa proposta da Comissão, ou quando o Conselho Europeu ou o Conselho de Ministros não deliberem por iniciativa do Ministro dos Negócios Estrangeiros da União, a maioria qualificada exigida consistirá numa maioria de dois terços dos Estados-membros que represente, no mínimo, três quintos da população da União.
3. O disposto nos nºs 1 e 2 produz efeitos a partir de 1 de Novembro de 2009, após a realização das eleições para o Parlamento Europeu, nos termos do disposto no artigo I-19º.
4. Quando a Constituição preveja, na Parte III, que o Conselho de Ministros adote leis Européias e leis-quadro Européias de acordo com um processo legislativo especial, o Conselho Europeu, decorrido um período mínimo de análise de seis meses, poderá adotar, por iniciativa própria e por unanimidade, uma decisão que preveja a adoção de tais leis ou leis-quadro de acordo com o processo legislativo ordinário. O Conselho Europeu delibera após consulta ao Parlamento Europeu e informação aos parlamentos nacionais.

Quando a Constituição preveja, na Parte III, que o Conselho de Ministros delibere por unanimidade em determinado domínio, o Conselho Europeu pode adotar, por iniciativa própria e por unanimidade, uma decisão Européia que autorize o Conselho de Ministros a deliberar por maioria qualificada nesse domínio. As iniciativas tomadas pelo Conselho Europeu com base no presente parágrafo serão comunicadas aos parlamentos nacionais no mínimo quatro meses antes de ser tomada uma decisão.

5. O Presidente do Conselho Europeu e o Presidente da Comissão não participam nas votações do Conselho Europeu.

Artigo I-25º: Comissão Européia

1. A Comissão Européia promove o interesse geral europeu e toma as iniciativas adequadas para esse efeito. Vela pela aplicação das disposições da Constituição, bem como das medidas adotadas pelas instituições por força desta. Fiscaliza a aplicação do direito da União, sob o controlo do Tribunal de Justiça. Executa o Orçamento e gere os programas. Exerce funções de coordenação, execução e gestão, de acordo com as condições estabelecidas na Constituição.

Com exceção da Política Externa e de Segurança Comum e dos restantes casos previstos na Constituição, assegura a representação externa da União. Toma a iniciativa da programação anual e plurianual da União com vista à obtenção de acordos interinstitucionais.

2. Os atos legislativos da União só podem ser adotados sob proposta da Comissão, salvo disposição em contrário prevista na Constituição. Os demais atos são adotados sob proposta da Comissão nos casos em que a Constituição o preveja.

3. A Comissão é constituída por um Colégio composto pelo seu Presidente, pelo Ministro dos Negócios Estrangeiros da União, Vice-Presidente, e por treze Comissários Europeus, escolhidos com base num sistema de rotação igualitária entre os Estados-membros. Este sistema será estabelecido por uma decisão Européia do Conselho Europeu baseada nos seguintes princípios:

a) Os Estados-membros são tratados em rigoroso pé de igualdade no que respeita à determinação da seqüência dos seus nacionais como membros do Colégio e ao período em que se mantêm neste cargo; assim sendo, a diferença entre o número total de mandatos exercidos por nacionais de dois Estados-membros não pode nunca ser superior a um;

b) Sob reserva do disposto na alínea a), a composição de cada um dos sucessivos colégios deve refletir de forma satisfatória a posição demográfica e geográfica relativa de todos os Estados-membros da União.

O Presidente da Comissão nomeia Comissários sem direito de voto, escolhidos segundo os mesmos critérios que são aplicáveis aos membros do Colégio, e provenientes de todos os outros Estados-membros.

O disposto no presente número produz efeitos a partir de 1º de novembro de 2009.

4. A Comissão exerce as suas responsabilidades com total independência. No cumprimento dos seus deveres, os Comissários Europeus e os Comissários não solicitarão nem aceitarão instruções de nenhum governo nem de nenhum organismo.

5. A Comissão, enquanto colégio, é responsável perante o Parlamento Europeu. O Presidente da Comissão é responsável perante o Parlamento Europeu pelas atividades dos Comissários. O Parlamento Europeu pode aprovar uma moção de censura à Comissão, de acordo com as modalidades enunciadas no artigo III-243.º. Caso tal moção seja aprovada, os Comissários Europeus e os Comissários devem demitir-se coletivamente das suas funções. A Comissão continuará a gerir os assuntos correntes até à nomeação de um novo colégio.

Artigo I-26º: Presidente da Comissão Européia

1. Tendo em conta os resultados das eleições para o Parlamento Europeu e após consultas adequadas, o Conselho Europeu, deliberando por maioria qualificada, propõe ao Parlamento Europeu um candidato ao cargo de Presidente da Comissão. O candidato é eleito pelo Parlamento Europeu por maioria dos membros que o compõem. Caso o candidato não obtenha a maioria dos votos, o Conselho Europeu propõe um novo candidato ao Parlamento Europeu, no prazo de um mês, de acordo com o mesmo processo.

2. Cada um dos Estados-membros determinados pelo sistema de rotação elabora uma lista de três pessoas, na qual estarão representados os dois sexos, que considere qualificadas para exercer a função de Comissário Europeu. Selecionando um nome de cada lista proposta, o Presidente eleito designa os treze Comissários Europeus, baseando-se na sua competência, empenhamento europeu e garantias de independência. O Presidente e as personalidades designadas para membros do Colégio, incluindo o futuro Ministro dos Negócios Estrangeiros da União, bem como as personalidades designadas como Comissários sem direito de voto, são coletivamente sujeitos a um voto de aprovação do Parlamento Europeu. O mandato da Comissão é de cinco anos.

3. O Presidente da Comissão:
. define as orientações no âmbito das quais a Comissão exerce a sua missão;
. determina a sua organização interna, a fim de assegurar a coerência, a eficácia e a colegialidade da sua ação;
. nomeia Vice-Presidentes de entre os membros do Colégio.

Qualquer Comissário Europeu ou Comissário deve apresentar a sua demissão se assim o Presidente lhe pedir.

Artigo I-27º: Ministro dos Negócios Estrangeiros da União

1. O Conselho Europeu, deliberando por maioria qualificada, com o acordo do Presidente da Comissão, nomeia o Ministro dos Negócios Estrangeiros da União. Este conduz a Política Externa e de Segurança Comum da União. O Conselho Europeu pode pôr termo ao seu mandato, de acordo com o mesmo processo.
2. O Ministro dos Negócios Estrangeiros da União contribui, com as suas propostas, para a definição da Política Externa Comum, executando-a na qualidade de mandatário do Conselho de Ministros. Atua do mesmo modo no que se refere à Política Comum de Segurança e Defesa.
3. O Ministro dos Negócios Estrangeiros da União é um dos Vice-Presidentes da Comissão Européia. É responsável, nesta instituição, pelas relações externas e pela coordenação dos demais aspectos da ação externa da União. No exercício das suas responsabilidades ao nível da Comissão, e apenas em relação a essas responsabilidades, o Ministro dos Negócios Estrangeiros da União está submetido aos processos que regem o funcionamento da Comissão.

Artigo I-28º: Tribunal de Justiça

1. O Tribunal de Justiça, que inclui o Tribunal de Justiça Europeu, o Tribunal de Grande Instância e tribunais especializados, garante o respeito pela lei na interpretação e aplicação da Constituição.
    Os Estados-membros estabelecem as vias de recurso necessárias para assegurar uma proteção jurisdicional efetiva no domínio do direito da União.
2. O Tribunal de Justiça Europeu é composto por um juiz de cada Estado-membro e assistido por advogados-gerais.

O Tribunal de Grande Instância é constituído, no mínimo, por um juiz de cada Estado-membro, sendo o número de juízes fixado pelo Estatuto do Tribunal de Justiça.

Os juízes e os advogados-gerais do Tribunal de Justiça Europeu e os juízes do Tribunal de Grande Instância, escolhidos de entre personalidades que ofereçam todas as garantias de independência e reúnam as condições exigidas nos artigos III-260.º e III-261.º, são nomeados de comum acordo pelos governos dos Estados-membros, por um mandato renovável de seis anos.

3. O Tribunal de Justiça decide:

. sobre as ações interpostas por um Estado-membro, por uma instituição ou por pessoas singulares ou coletivas nos termos do disposto na Parte III;

. a título prejudicial, a pedido dos órgãos jurisdicionais nacionais, sobre a interpretação do direito da União ou sobre a validade dos atos adotados pelas instituições;

. sobre os demais casos previstos na Constituição.

Capítulo II. Outras instituições e órgãos

Artigo I-29º: Banco Central Europeu

1. O Banco Central Europeu e os bancos centrais nacionais constituem o Sistema Europeu de Bancos Centrais. O Banco Central Europeu e os bancos centrais nacionais dos Estados-membros que tenham adotado a moeda da União, o euro, conduzem a política monetária da União.

2. O Sistema Europeu de Bancos Centrais, dirigido pelos órgãos de decisão do Banco Central Europeu, tem como principal objetivo manter a estabilidade dos preços. Sem prejuízo desse objetivo, o Sistema Europeu de Bancos Cen-

trais dá apoio às políticas econômicas gerais na União, a fim de contribuir para a realização dos objetivos desta. Cumpre também as outras missões de um banco central, em conformidade com o disposto na Parte III e nos Estatutos do Sistema Europeu de Bancos Centrais e do Banco Central Europeu.

3. O Banco Central Europeu é uma instituição que goza de personalidade jurídica, cabendo-lhe exclusivamente o direito de autorizar a emissão do euro. É independente no exercício dos seus poderes e nas suas finanças. As instituições e os órgãos da União, bem como os governos dos Estados-membros, comprometem-se a respeitar este princípio.

4. O Banco Central Europeu adota as medidas necessárias ao desempenho das suas missões, nos termos dos artigos III-77.º a III-83.º e III-90.º e de acordo com as condições estabelecidas nos Estatutos do Sistema Europeu de Bancos Centrais e do Banco Central Europeu. Nos termos das mesmas disposições, os Estados-membros que não tenham adotado o euro, bem como os respectivos bancos centrais, conservam as suas competências no domínio monetário.

5. Nos domínios da sua competência, o Banco Central Europeu é consultado sobre qualquer projeto de ato da União, bem como sobre qualquer projeto de regulamentação a nível nacional, podendo apresentar pareceres.

6. Os órgãos de decisão do Banco Central Europeu, a sua composição e as suas regras de funcionamento são definidos nos artigos III-84.º a III-87.º, bem como nos Estatutos do Sistema Europeu de Bancos Centrais e do Banco Central Europeu.

Artigo I-30º: Tribunal de Contas

1. O Tribunal de Contas é a instituição que efetua a fiscalização das contas.

2. O Tribunal de Contas examina as contas da totalidade das receitas e despesas da União e garante a boa gestão financeira.
3. O Tribunal de Contas é composto por um nacional de cada Estado-membro. Os seus membros exercem as suas funções com total independência.

Artigo I-31º: Órgãos consultivos da União

1. O Parlamento Europeu, o Conselho de Ministros e a Comissão são assistidos por um Comitê das Regiões e por um Comitê Econômico e Social, que exercem funções consultivas.
2. O Comitê das Regiões é composto por representantes das autarquias regionais e locais que sejam titulares de um mandato eleitoral a nível regional ou local ou politicamente responsáveis perante uma assembleia eleita.
3. O Comitê Econômico e Social é composto por representantes das organizações de empregadores, de trabalhadores e de outros atores representativos da sociedade civil, em especial nos domínios socio-econômico, cívico, profissional e cultural.
4. Os membros do Comitê das Regiões e do Comitê Econômico e Social não devem estar vinculados a quaisquer instruções, exercendo as suas funções com total independência, no interesse geral da União.
5. As regras relativas à composição destes Comitês, à designação dos seus membros, às suas atribuições e ao seu funcionamento são definidas nos artigos III-292.º a III-298.º. As regras relativas à sua composição são periodicamente revistas pelo Conselho de Ministros, sob proposta da Comissão, por forma a acompanhar a evolução econômica, social e demográfica da União.

TÍTULO V: EXERCÍCIO DAS COMPETÊNCIAS DA UNIÃO

Capítulo I: Disposições comuns

Artigo I-32º: Atos jurídicos da União

1. No exercício das competências que lhe são atribuídas na Constituição, a União utiliza como instrumentos jurídicos, em conformidade com o disposto na Parte III, a lei Européia, a lei-quadro Européia, o regulamento europeu, a decisão Européia, as recomendações e os pareceres.

A lei Européia é um ato legislativo de caráter geral. É obrigatória em todos os seus elementos e diretamente aplicável em todos os Estados-membros.

A lei-quadro Européia é um ato legislativo que vincula todos os Estados-membros destinatários quanto ao resultado a alcançar, deixando, no entanto, às instâncias nacionais a competência quanto à escolha da forma e dos meios.

O regulamento europeu é um ato não-legislativo de caráter geral destinado a dar execução aos atos legislativos e a certas disposições específicas da Constituição. Tanto pode ser obrigatório em todos os seus elementos e diretamente aplicável em todos os Estados-membros como vincular os Estados-membros destinatários quanto ao resultado a alcançar, deixando, no entanto, às instâncias nacionais a competência quanto à escolha da forma e dos meios.

A decisão Européia é um ato não legislativo obrigatório em todos os seus elementos. Quando designa destinatários, só para estes é obrigatória

As recomendações e os pareceres aprovados pelas instituições não têm efeito vinculativo.

2. Quando lhes tenha sido submetida uma proposta de ato legislativo, o Parlamento Europeu e o Conselho de Ministros abster-se-ão de adotar atos não previstos pelo presente artigo no domínio visado.

Artigo I-33º: Atos legislativos

1. As leis e leis-quadro Européias são adotadas, sob proposta da Comissão, conjuntamente pelo Parlamento Europeu e pelo Conselho de Ministros, de acordo com as regras do processo legislativo ordinário, previstas no artigo III-302.º. Se as duas instituições não chegarem a acordo, o ato não é adotado.
Nos casos especificamente previstos no artigo III-165.º, as leis e leis-quadro Européias podem ser adotadas por iniciativa de um grupo de Estados-membros, em conformidade com o artigo III-302.º.
2. Nos casos específicos previstos pela Constituição, as leis e leis-quadro Européias são adotadas pelo Parlamento Europeu, com a participação do Conselho de Ministros, ou por este, com a participação do Parlamento Europeu, de acordo com processos legislativos especiais.

Artigo I-34º: Atos não legislativos

1. O Conselho de Ministros e a Comissão adotam regulamentos europeus ou decisões Européias nos casos referidos nos artigos 35.º e 36.º, bem como nos casos especificamente previstos na Constituição. O Conselho Europeu adota decisões Européias nos casos especificamente previstos na Constituição. O Banco Central Europeu adota regulamentos europeus e decisões Européias, quando a tal esteja autorizado pela Constituição.

2. O Conselho de Ministros e a Comissão, bem como o Banco Central Europeu quando a tal esteja autorizado pela Constituição, estão habilitados a adotar recomendações.

Artigo I-35º: Regulamentos delegados

1. As leis e leis-quadro Européias podem delegar na Comissão o poder de adotar regulamentos delegados que completem ou alterem certos elementos não essenciais da lei ou da lei-quadro.
As leis e leis-quadro Européias delimitam explicitamente os objetivos, o conteúdo, o âmbito de aplicação e o período de vigência da delegação. Os elementos essenciais de cada domínio não podem ser objeto de delegação, ficando reservados para a lei ou para a lei-quadro.
2. As leis e leis-quadro Européias determinam explicitamente as condições de aplicação a que a delegação fica sujeita. Essas condições podem consistir nas seguintes possibilidades:
. o Parlamento Europeu ou o Conselho de Ministros podem decidir revogar a delegação;
. o regulamento delegado só pode entrar em vigor se não forem formuladas objeções pelo Parlamento Europeu ou pelo Conselho de Ministros no prazo fixado pela lei ou pela lei-quadro.
Para efeitos do disposto no parágrafo anterior, o Parlamento Europeu delibera por maioria dos membros que o compõem; o Conselho de Ministros delibera por maioria qualificada.

Artigo I-36º: Atos de execução

1. Os Estados-membros adotam todas as medidas de direito interno necessárias à execução dos atos juridicamente vinculativos da União.

2. Quando sejam necessárias condições uniformes de execução dos atos vinculativos da União, estes podem conferir competências de execução à Comissão ou, em casos específicos devidamente justificados e nos casos previstos no artigo 39.º, ao Conselho de Ministros.
3. A lei Européia definirá previamente as regras e princípios gerais relativos aos mecanismos de controlo que os Estados-membros podem aplicar aos atos de execução da União.
4. Os atos de execução da União assumem a forma de regulamentos europeus de execução ou de decisões Européias de execução.

Artigo I-37º: Princípios comuns aos atos jurídicos da União

1. Quando a Constituição o não estipule especificamente, as instituições determinarão, no respeito pelos procedimentos aplicáveis, o tipo de ato a adotar em cada caso de acordo com o princípio da proporcionalidade previsto no artigo 9.º.
2. As leis Européias, as leis-quadro Européias, os regulamentos europeus e as decisões Européias serão fundamentados e farão referência às propostas ou pareceres previstos na Constituição.

Artigo I-38º: Publicação e entrada em vigor

1. As leis e leis-quadro Européias adotadas de acordo com o processo legislativo ordinário são assinadas pelo Presidente do Parlamento Europeu e pelo Presidente do Conselho de Ministros.
Nos restantes casos, são assinadas pelo Presidente do Parlamento Europeu ou pelo Presidente do Conselho de

Ministros. As leis e leis-quadro Européias são publicadas no Jornal Oficial da União Européia e entram em vigor na data por elas fixada ou, na falta desta, no vigésimo dia seguinte ao da sua publicação.

2. Os regulamentos europeus e as decisões Européias que não indiquem destinatário ou que tenham por destinatários todos os Estados-membros são assinados pelo Presidente da instituição que os adotar, são publicados no Jornal Oficial da União Européia e entram em vigor na data por eles fixada ou, na falta desta, no vigésimo dia seguinte ao da sua publicação.

3. As restantes decisões são notificadas aos respectivos destinatários e produzem efeitos mediante essa notificação.

Capítulo II . Disposições específicas

Artigo I-39°: Disposições específicas de execução da Política Externa e de Segurança Comum

1. A União Européia conduz uma política externa e de segurança comum baseada no desenvolvimento da solidariedade política mútua entre os Estados-membros, na identificação das questões de interesse geral e na realização de um grau de convergência crescente das ações dos Estados-membros.

2. O Conselho Europeu identifica os interesses estratégicos da União e define os objetivos da sua Política Externa e de Segurança Comum. O Conselho de Ministros elabora essa política no quadro das orientações estratégicas estabelecidas pelo Conselho Europeu e de acordo com as regras previstas na Parte III.

3. O Conselho Europeu e o Conselho de Ministros adotam as decisões Européias necessárias.

4. A Política Externa e de Segurança Comum é executada pelo Ministro dos Negócios Estrangeiros da União e pelos Estados-membros, utilizando os meios nacionais e os da União.

5. Os Estados-membros concertam-se no Conselho Europeu e no Conselho de Ministros sobre todas as questões de política externa e de segurança que se revistam de interesse geral, a fim de definir uma abordagem comum. Antes de empreender qualquer ação no plano internacional ou de assumir qualquer compromisso que possa afetar os interesses da União, cada Estado-membro consulta os outros no Conselho Europeu ou no Conselho de Ministros.

Os Estados-membros asseguram, através da convergência das suas ações, que a União possa defender os seus interesses e valores no plano internacional. Os Estados-membros são solidários entre si.

6. O Parlamento Europeu é regularmente consultado sobre os principais aspectos e as opções fundamentais da Política Externa e de Segurança Comum e mantido ao corrente da sua evolução.

7. Em matéria de Política Externa e de Segurança Comum, o Conselho Europeu e o Conselho de Ministros adotam decisões Européias por unanimidade, com excepção dos casos previstos na Parte III. Pronunciam-se sob proposta de um Estado-membro, do Ministro dos Negócios Estrangeiros da União ou deste com o apoio da Comissão. Ficam excluídas as leis e leis-quadro Européias.

8. O Conselho Europeu pode decidir, por unanimidade, que o Conselho de Ministros delibere por maioria qualificada em casos não previstos na Parte III.

Artigo I-40º: Disposições específicas de execução da Política Comum de Segurança e Defesa

1. A Política Comum de Segurança e Defesa faz parte integrante da Política Externa e de Segurança Comum e garante à União uma capacidade operacional apoiada em meios civis e militares. A União pode empregá-los em missões no exterior a fim de assegurar a manutenção da paz, a prevenção de conflitos e o reforço da segurança internacional, de acordo com os princípios da Carta das Nações Unidas. A execução destas tarefas assenta nas capacidades fornecidas pelos Estados-membros.

2. A Política Comum de Segurança e Defesa inclui a definição gradual de uma política de defesa comum da União; esta conduzirá a uma defesa comum logo que o Conselho Europeu, deliberando por unanimidade, assim o decida. Neste caso, o Conselho Europeu recomendará aos Estados-membros que adotem uma decisão nesse sentido, em conformidade com as respectivas normas constitucionais.

A política da União, na acepção do presente artigo, não afeta o caráter específico da política de segurança e defesa de determinados Estados-membros, respeita as obrigações decorrentes do Tratado do Atlântico Norte para certos Estados-membros, que consideram que a sua defesa comum se realiza no quadro da Organização do Tratado do Atlântico Norte, e é compatível com a Política Comum de Segurança e Defesa adotada nesse quadro.

3. Com vista à execução da Política Comum de Segurança e Defesa, os Estados-membros colocam à disposição da União capacidades civis e militares de modo a contribuir para os objetivos definidos pelo Conselho de Ministros. Os Estados-membros que constituam entre si forças multinacionais poderão também colocá-las à disposição da Política Comum de Segurança e Defesa.

Os Estados-membros comprometem-se a melhorar progressivamente as suas capacidades militares. É instituída uma Agência Européia de Armamento, Investigação e Capacidades Militares para identificar as necessidades operacionais, promover as medidas necessárias para as satisfazer, contribuir para identificar e, se necessário, executar todas as medidas úteis para reforçar a base industrial e tecnológica do setor da defesa, participar na definição de uma política Européia de capacidades e de armamento e prestar assistência ao Conselho de Ministros na avaliação do melhoramento das capacidades militares.

4. As decisões Européias relativas à execução da Política Comum de Segurança e Defesa, incluindo as que digam respeito ao lançamento de uma missão referida no presente artigo, serão adotadas pelo Conselho de Ministros, deliberando por unanimidade sob proposta do Ministro dos Negócios Estrangeiros da União ou sob proposta de um Estado-membro. O Ministro dos Negócios Estrangeiros da União pode propor um recurso aos meios nacionais e aos instrumentos da União, eventualmente em conjunto com a Comissão.

5. O Conselho de Ministros pode confiar a realização de uma missão, no âmbito da União, a um grupo de Estados-membros, a fim de preservar os valores da União e servir os seus interesses.

A realização dessa missão rege-se pelo disposto no artigo III-211.º.

6. Os Estados-membros cujas capacidades militares preencham critérios mais elevados e que tenham assumido entre si compromissos mais vinculativos nesta matéria, tendo em vista a realização das missões mais exigentes, estabelecerão uma cooperação estruturada no âmbito da União. Essa cooperação rege-se pelo disposto no artigo III-213.º.

7. Enquanto o Conselho Europeu não tiver deliberado nos termos do n.º 2 do presente artigo, será instituída uma cooperação mais estreita, no âmbito da União, em matéria de defesa mútua. No quadro dessa cooperação, se um dos Estados que nela participam for alvo de agressão armada no seu território, os outros Estados participantes prestar-lhe-ão ajuda e assistência por todos os meios ao seu alcance, militares e outros, em conformidade com o disposto no artigo 51.º da Carta das Nações Unidas. Ao estreitarem a sua cooperação no domínio da defesa mútua, os Estados-membros participantes cooperarão estreitamente com a Organização do Tratado do Atlântico Norte. As regras de participação e funcionamento, bem como os processos de decisão inerentes a esta cooperação, constam do artigo III-214.º.

8. O Parlamento Europeu é regularmente consultado sobre os principais aspectos e as opções fundamentais da Política Comum de Segurança e Defesa e mantido ao corrente da sua evolução.

Artigo I-41º: Disposições específicas de execução do espaço de liberdade, segurança e justiça

1. A União constitui um espaço de liberdade, segurança e justiça:

. através da adoção de leis e leis-quadro Européias destinadas, se necessário, a aproximar as legislações nacionais nos domínios enumerados na Parte III;

. pela promoção da confiança mútua entre as autoridades competentes dos Estados-membros, em especial com base no reconhecimento mútuo das decisões judiciais e extrajudiciais;

. através da cooperação operacional entre as autoridades competentes dos Estados-membros, incluindo os serviços policiais, aduaneiros e outros serviços especializados no domínio da prevenção e detecção de infrações penais.

2. No espaço de liberdade, segurança e justiça, os parlamentos nacionais podem participar nos mecanismos de avaliação previstos no artigo III-161.º e são associados ao controlo político da Europol e à avaliação das atividades da Eurojust, nos termos dos artigos III-177.º e III-174.º.

3. No domínio da cooperação policial e judiciária em matéria penal, os Estados-membros dispõem de direito de iniciativa, nos termos do artigo III-165.º.

Artigo I-42º: Cláusula de solidariedade

1. A União e os seus Estados-membros atuarão em conjunto, num espírito de solidariedade, se um Estado-membro for alvo de um ataque terrorista ou de uma catástrofe natural ou de origem humana. A União mobilizará todos os instrumentos ao seu dispor, incluindo os meios militares disponibilizados pelos Estados-membros, para:

a) . prevenir a ameaça terrorista no território dos Estados-membros;

. proteger as instituições democráticas e a população civil de um eventual ataque terrorista;

. prestar assistência a um Estado-membro no seu território, a pedido das suas autoridades políticas, em caso de ataque terrorista;

b) . prestar assistência a um Estado-membro no seu território, a pedido das suas autoridades políticas, em caso de catástrofe.

2. As regras de execução da presente disposição constam do artigo III-231.º.

Capítulo III. Cooperações reforçadas

Artigo I-43º: Cooperações reforçadas

1. Os Estados-membros que desejem instituir entre si uma cooperação reforçada no âmbito das competências não exclusivas da União podem recorrer às instituições desta e exercer essas competências aplicando as disposições pertinentes da Constituição, dentro dos limites e segundo as regras previstas no presente artigo e nos artigos III-322.º a III-329.º.
As cooperações reforçadas visam favorecer a realização dos objetivos da União, preservar os seus interesses e reforçar o seu processo de integração. Estão abertas a todos os Estados-membros, aquando da sua instituição ou a qualquer outro momento, nos termos do artigo III-324.º.
2. A autorização para proceder a uma cooperação reforçada é concedida como último recurso pelo Conselho de Ministros, quando este tenha determinado que os objetivos da cooperação em causa não podem ser atingidos num prazo razoável pelo conjunto da União e desde que essa cooperação reúna, pelo menos, um terço dos Estados-membros. O Conselho de Ministros delibera de acordo com o processo previsto no artigo III-325.º.
3. Só os membros do Conselho de Ministros que representem os Estados participantes numa cooperação reforçada podem intervir na adoção dos atos. Todos os Estados-membros podem, todavia, participar nas deliberações do Conselho de Ministros.
A unanimidade é constituída exclusivamente pelos votos dos representantes dos Estados participantes. A maioria qualificada é definida como uma maioria dos votos dos representantes dos Estados participantes que represente,

no mínimo, três quintos da população desses Estados. Quando a Constituição não exija que o Conselho de Ministros delibere com base numa proposta da Comissão ou quando o Conselho de Ministros não delibere por iniciativa do Ministro dos Negócios Estrangeiros, a maioria qualificada é constituída por dois terços dos votos dos representantes dos Estados participantes que representem, no mínimo, três quintos da população desses Estados.

4. Os atos adotados no âmbito de uma cooperação reforçada vinculam apenas os Estados participantes e não são considerados acervo que deva ser aceite pelos candidatos à adesão à União.

TÍTULO VI: VIDA DEMOCRÁTICA DA UNIÃO

Artigo I-44º: Princípio da igualdade democrática

Em todas as suas atividades, a União respeita o princípio da igualdade dos seus cidadãos, que beneficiam de igual atenção por parte das instituições da União.

Artigo I-45º: Princípio da democracia representativa

1. O funcionamento da União baseia-se no princípio da democracia representativa.

2. Os cidadãos estão diretamente representados a nível da União no Parlamento Europeu. Os Estados-membros estão representados no Conselho Europeu e no Conselho de Ministros pelos respectivos governos, que são eles próprios responsáveis perante os parlamentos nacionais, eleitos pelos seus cidadãos.

3. Todos os cidadãos têm o direito de participar na vida democrática da União. As decisões são tomadas de forma tão aberta e tão próxima dos cidadãos quanto possível.
4. Os partidos políticos a nível europeu contribuem para a formação da consciência política Européia e para a expressão da vontade dos cidadãos da União.

Artigo I-46º: Princípio da democracia participativa

1. As instituições da União, recorrendo aos meios adequados, dão aos cidadãos e às associações representativas a possibilidade de expressarem e partilharem publicamente os seus pontos de vista sobre todos os domínios de ação da União.
2. As instituições da União estabelecem um diálogo aberto, transparente e regular com as organizações representativas e com a sociedade civil.
3. A fim de assegurar a coerência e a transparência das ações da União, a Comissão procede a amplas consultas às partes interessadas.
4. Por iniciativa de pelo menos um milhão de cidadãos da União oriundos de um número significativo de Estados-membros, a Comissão pode ser convidada a apresentar propostas adequadas em matérias sobre as quais esses cidadãos considerem necessário um ato jurídico da União para aplicar a Constituição. As normas processuais e as condições específicas para a apresentação das iniciativas dos cidadãos à Comissão são estabelecidas por lei Européia.

Artigo I-47º: Parceiros sociais e diálogo social autônomo

A União Européia reconhece e promove o papel dos parceiros sociais a nível da União, tendo em conta a diversidade dos sistemas nacionais, e facilita o diálogo entre eles, no respeito pela respectiva autonomia.

Artigo I-48º: Provedor de Justiça Europeu

O Parlamento Europeu nomeia um Provedor de Justiça Europeu, incumbido de receber queixas respeitantes a casos de má administração na atuação das instituições, órgãos ou agências da União, bem como de proceder a inquéritos e de apresentar relatórios sobre essas queixas. O Provedor de Justiça Europeu exerce as suas funções com total independência.

Artigo I-49º: Transparência dos trabalhos das instituições da União

1. A fim de promover a boa governação e de assegurar a participação da sociedade civil, a atuação das instituições, órgãos e agências da União pauta-se pelo maior respeito possível do princípio da abertura.
2. As sessões do Parlamento Europeu são públicas, assim como as do Conselho de Ministros em que este analise e adote propostas legislativas.
3. Qualquer cidadão da União ou qualquer pessoa singular ou coletiva com residência ou sede social num Estado-membro tem direito de acesso aos documentos das instituições, órgãos e agências da União, seja qual for a forma em que tenham sido produzidos, nas condições previstas na Parte III.
4. A lei Européia estabelece os princípios gerais e os limites que, por razões de interesse público ou privado, regem o exercício do direito de acesso a esses documentos.
5. Cada instituição, órgão ou agência a que se refere o nº 3 estabelece, no respectivo regulamento interno,

disposições específicas sobre o acesso aos seus documentos, em conformidade com a lei Européia referida no n.º 4.

Artigo I-50º: Proteção de dados pessoais

1. Todas as pessoas têm direito à proteção dos dados de caráter pessoal que lhes digam respeito.
2. A lei Européia estabelece as normas relativas à proteção das pessoas singulares no que diz respeito ao tratamento de dados pessoais pelas instituições, órgãos e agências da União, bem como pelos Estados-membros no exercício de atividades relativas à aplicação do direito da União, e à livre circulação desses dados. A observância dessas normas fica sujeita ao controlo de uma autoridade independente.

Artigo I-51º: Estatuto das igrejas e das organizações não confessionais

1. A União respeita e não afeta o estatuto de que gozam, ao abrigo do direito nacional, as igrejas e associações ou comunidades religiosas nos Estados-membros.
2. A União respeita igualmente o estatuto das organizações filosóficas e não confessionais.
3. Reconhecendo a sua identidade e o seu contributo específico, a União mantém um diálogo aberto, transparente e regular com as referidas igrejas e organizações.

TÍTULO VII: FINANÇAS DA UNIÃO

Artigo I-52º: Princípios orçamentais e financeiros

1. Para cada exercício orçamental, todas as receitas e despesas da União devem ser previstas e inscritas no Orçamento, em conformidade com o disposto na Parte III.

2. O Orçamento deve respeitar o equilíbrio entre receitas e despesas.

3. As despesas inscritas no Orçamento são autorizadas para o período do exercício orçamental anual, em conformidade com a lei Européia referida no artigo III-318.º.

4. A execução de despesas inscritas no Orçamento requer a adoção prévia de um ato juridicamente vinculativo que confira fundamento jurídico à ação da União e à execução da despesa, em conformidade com a lei Européia referida no artigo III-318.º. Esse ato deve assumir a forma de lei Européia, de lei-quadro Européia, de regulamento europeu ou de decisão Européia.

5. Para assegurar a disciplina orçamental, a União não adotará atos susceptíveis de ter uma incidência significativa no Orçamento sem dar a garantia de que essas propostas ou medidas possam ser financiadas dentro dos limites dos recursos próprios da União e do quadro financeiro plurianual referido no artigo 54.º.

6. O Orçamento da União é executado de acordo com o princípio da boa gestão financeira. Os Estados-membros cooperarão com a União a fim de assegurar que as dotações inscritas no Orçamento sejam utilizadas de acordo com os princípios da boa gestão financeira.

7. A União e os Estados-membros combaterão a fraude e quaisquer outras atividades ilegais lesivas dos interesses financeiros da União, em conformidade com o disposto no artigo III-321.º.

Artigo I-53º: Recursos da União

1. A União dotar-se-á dos meios necessários para atingir os seus objetivos e realizar com êxito as suas políticas.

2. O Orçamento da União é integralmente financiado por recursos próprios, sem prejuízo de outras receitas.

3. O limite dos recursos da União é estabelecido por uma lei Européia do Conselho de Ministros, a qual pode estabelecer novas categorias de recursos ou revogar uma categoria existente. Essa lei só entra em vigor depois de aprovada pelos Estados-membros, de acordo com as respectivas normas constitucionais. O Conselho de Ministros delibera por unanimidade, após consulta ao Parlamento Europeu.

4. As formas que devem revestir os recursos da União são estabelecidas por uma lei Européia do Conselho de Ministros, que delibera após aprovação do Parlamento Europeu.

Artigo I-54º: Quadro financeiro plurianual

1. O quadro financeiro plurianual destina-se a garantir que as despesas da União sigam uma evolução ordenada dentro dos limites dos recursos próprios. O quadro financeiro plurianual fixa os montantes dos limites máximos anuais das dotações para autorização por categoria de despesa, de acordo com as disposições do artigo III-308.º.

2. O quadro financeiro plurianual é estabelecido por uma lei Européia do Conselho de Ministros.

Este delibera após aprovação do Parlamento Europeu, que se pronuncia por maioria dos membros que o compõem.

3. O Orçamento anual da União respeita o quadro financeiro plurianual.

4. O Conselho de Ministros delibera por unanimidade aquando da adoção do primeiro quadro financeiro plurianual subsequente à entrada em vigor da Constituição.

Artigo I-55º: Orçamento da União

A lei Européia que fixa o Orçamento anual da União é adotada pelo Parlamento Europeu e pelo Conselho de Ministros, sob proposta da Comissão, de acordo com as regras previstas no artigo III--310.º.

TÍTULO VIII: A UNIÃO E OS ESTADOS VIZINHOS

Artigo I-56º: A União e os Estados vizinhos

1. A União desenvolve relações privilegiadas com os Estados vizinhos, a fim de criar um espaço de prosperidade e boa vizinhança, fundado nos valores da União e caraterizado por relações estreitas e pacíficas, baseadas na cooperação.
2. Para o efeito, a União pode celebrar e aplicar acordos específicos com os países interessados, nos termos do disposto no artigo III-227.º. Esses acordos podem incluir direitos e obrigações recíprocos, bem como a possibilidade de realizar ações em comum. A sua aplicação será acompanhada de uma concertação periódica.

TÍTULO IX: QUALIDADE DE MEMBRO DA UNIÃO

Artigo I-57º: Critérios de elegibilidade e processo de adesão à União

1. A União está aberta a todos os Estados europeus que respeitem os valores enunciados no artigo 2.º e se comprometam a promovê-los em comum.

2. Qualquer Estado europeu que deseje tornar-se membro da União dirige um pedido nesse sentido ao Conselho de Ministros. O Parlamento Europeu e os parlamentos nacionais dos Estados-membros são informados desse pedido. O Conselho de Ministros delibera por unanimidade, depois de consultar a Comissão e após aprovação do Parlamento Europeu. As condições e regras de admissão serão acordadas entre os Estados-membros e o Estado candidato. Esse acordo será submetido a ratificação por todos os Estados Contratantes, em conformidade com as respectivas normas constitucionais.

Artigo I-58º: Suspensão dos direitos de membro da União

1. Sob proposta fundamentada de um terço dos Estados-membros, do Parlamento Europeu ou da Comissão e após aprovação do Parlamento Europeu, o Conselho de Ministros, deliberando por maioria de quatro quintos dos seus membros, pode adotar uma decisão Européia em que constate a existência de um risco manifesto de violação grave dos valores enunciados no artigo I-2º por parte de um Estado-membro. Antes de proceder a essa constatação, o Conselho de Ministros deve ouvir o Estado-membro em questão e, deliberando segundo o mesmo processo, pode dirigir-lhe recomendações.

O Conselho de Ministros verificará regularmente se continuam válidos os motivos que conduziram a essa constatação.

2. O Conselho Europeu, deliberando por unanimidade, sob proposta de um terço dos Estados-membros ou da Comissão e após aprovação do Parlamento Europeu, pode adotar uma decisão Européia em que constate a existência de uma violação grave e persistente, por parte de um Estado-membro, dos valores enunciados no artigo I-2º, após ter

convidado esse Estado-membro a apresentar as suas observações sobre a questão.

3. Feita a constatação a que se refere o n.º 2, o Conselho de Ministros, deliberando por maioria qualificada, pode adotar uma decisão Européia que suspenda alguns dos direitos decorrentes da aplicação da Constituição ao Estado-membro em causa, incluindo o direito de voto desse Estado-membro no Conselho de Ministros. Ao fazê-lo, terá em conta as eventuais conseqüências dessa suspensão sobre os direitos e obrigações das pessoas singulares e coletivas.

O Estado-membro em questão continuará, de qualquer modo, vinculado às obrigações que lhe incumbem por força da Constituição.

4. Se se alterar a situação que motivou a imposição das medidas tomadas ao abrigo do n.º 3, o Conselho de Ministros, deliberando por maioria qualificada, pode posteriormente adotar uma decisão Européia em que altere ou revogue essas medidas.

5. Para efeitos do presente artigo, o Conselho de Ministros delibera sem tomar em consideração os votos do Estado-membro em questão. As abstenções dos membros presentes ou representados não impedem a adoção das decisões a que se refere o n.º 2.

O presente número é igualmente aplicável em caso de suspensão do direito de voto nos termos do n.º 3.

6. Para efeitos dos n.ºs 1 e 2, o Parlamento Europeu delibera por maioria de dois terços dos votos expressos que representem a maioria dos membros que o compõem.

Artigo I-59º: Saída voluntária da União

1. Em conformidade com as respectivas normas constitucionais, qualquer Estado-membro pode decidir retirar-se da União Européia.

2. Qualquer Estado-membro que decida retirar-se da União notificará a sua intenção ao Conselho Europeu, que tomará a questão a seu cargo. Em função das orientações do Conselho Europeu, a União negociará e celebrará com esse Estado um acordo que estabeleça as condições da sua saída, tendo em conta o quadro das suas futuras relações com a União. Esse acordo será celebrado em nome da União pelo Conselho de Ministros, deliberando por maioria qualificada, após aprovação do Parlamento Europeu.

O representante do Estado-membro que pretenda retirar-se da União não participa nas deliberações e decisões do Conselho Europeu ou do Conselho de Ministros que lhe digam respeito.

3. A Constituição deixa de ser aplicável ao Estado em causa a partir da data de entrada em vigor do acordo de saída ou, na falta deste, dois anos após a notificação referida no n.º 2, a menos que o Conselho Europeu, com o acordo do Estado-membro interessado, decida prorrogar esse prazo.

4. Se um Estado que se tenha retirado da União voltar a pedir a adesão, será aplicável a esse pedido o processo previsto no artigo I-57º.

PARTE II
CARTA DOS DIREITOS FUNDAMENTAIS DA UNIÃO

PREÂMBULO

Os povos da Europa, estabelecendo entre si uma união cada vez mais estreita, decidiram partilhar um futuro de paz, assente em valores comuns.

Consciente do seu patrimônio espiritual e moral, a União baseia-se nos valores indivisíveis e universais da dignidade do ser humano, da liberdade, da igualdade e da solidariedade; assenta nos princípios da democracia e do Estado de Direito. Ao instituir a cidadania da União e ao criar um espaço de liberdade, segurança e justiça, coloca o ser humano no cerne da sua ação.

A União contribui para a preservação e o desenvolvimento destes valores comuns, no respeito pela diversidade das culturas e tradições dos povos da Europa, bem como da identidade nacional dos Estados-membros e da organização dos seus poderes públicos aos níveis nacional, regional e local; procura promover um desenvolvimento equilibrado e duradouro e assegura a livre circulação das pessoas, dos bens, dos serviços e dos capitais, bem como a liberdade de estabelecimento.

Para o efeito, é necessário, conferindo-lhes maior visibilidade por meio de uma Carta, reforçar a proteção dos direitos fundamentais, à luz da evolução da sociedade, do progresso social e da evolução científica e tecnológica.

A presente Carta reafirma, no respeito pelas atribuições e competências da União e na observância do princípio da subsidiariedade, os direitos que decorrem, nomeadamente, das tradições constitucionais e das obrigações internacionais comuns aos Estados-membros, da Convenção Européia para a Proteção dos Direitos do Homem e das Liberdades Fundamentais, das Cartas Sociais aprovadas pela União e pelo Conselho da Europa, bem como da jurisprudência do Tribunal de Justiça da União Européia e do Tribunal Europeu dos Direitos do Homem. Neste contexto, a Carta será interpretada pelos órgãos jurisdicionais da União e dos Estados-membros, tendo na devida conta as anotações elaboradas sob a responsabilidade do Praesidium da Convenção que redigiu a Carta.

O gozo destes direitos implica responsabilidades e deveres, tanto para com as outras pessoas individualmente consideradas, como para com a comunidade humana e as gerações futuras.

Assim sendo, a União reconhece os direitos, liberdades e princípios a seguir enunciados.

TÍTULO I: DIGNIDADE

Artigo II-1.º: Dignidade do ser humano

A dignidade do ser humano é inviolável. Deve ser respeitada e protegida.

Artigo II-2.º: Direito à vida

1. Todas as pessoas têm direito à vida.
2. Ninguém pode ser condenado à pena de morte, nem executado.

Artigo II-3.º: Direito à integridade do ser humano

1. Todas as pessoas têm direito ao respeito pela sua integridade física e mental.
2. No domínio da medicina e da biologia, devem ser respeitados, designadamente:
   a) O consentimento livre e esclarecido da pessoa, nos termos da lei,
   b) A proibição das práticas eugênicas, nomeadamente das que têm por finalidade a seleção das pessoas;

c) A proibição de transformar o corpo humano ou as suas partes, enquanto tais, numa fonte de lucro;
d) A proibição da clonagem reprodutiva dos seres humanos.

Artigo II-4.º: Proibição da tortura e dos tratos ou penas desumanos ou degradantes

Ninguém pode ser submetido a tortura, nem a tratos ou penas desumanos ou degradantes.

Artigo II-5.º: Proibição da escravidão e do trabalho forçado

1. Ninguém pode ser sujeito a escravidão nem a servidão.
2. Ninguém pode ser constrangido a realizar trabalho forçado ou obrigatório.
3. É proibido o tráfico de seres humanos.

TÍTULO II: LIBERDADES

Artigo II-6.º: Direito à liberdade e à segurança

Todas as pessoas têm direito à liberdade e à segurança.

Artigo II-7.º: Respeito pela vida privada e familiar

Todas as pessoas têm direito ao respeito pela sua vida privada e familiar, pelo seu domicílio e pelas suas comunicações.

Artigo II-8.º: Proteção de dados pessoais

1. Todas as pessoas têm direito à proteção dos dados de caráter pessoal que lhes digam respeito.
2. Esses dados devem ser objeto de um tratamento leal, para fins específicos e com o consentimento da pessoa interessada ou com outro fundamento legítimo previsto por lei.
Todas as pessoas têm o direito de aceder aos dados coligidos que lhes digam respeito e de obter a respectiva retificação.
3. O cumprimento destas regras fica sujeito a fiscalização por parte de uma autoridade independente.

Artigo II-9.º: Direito de contrair casamento e de constituir família

O direito de contrair casamento e o direito de constituir família são garantidos pelas legislações nacionais que regem o respectivo exercício.

Artigo II-10.º: Liberdade de pensamento, de consciência e de religião

1. Todas as pessoas têm direito à liberdade de pensamento, de consciência e de religião. Este direito implica a liberdade de mudar de religião ou de convicção, bem como a liberdade de manifestar a sua religião ou a sua convicção, individual ou coletivamente, em público ou em privado, através do culto, do ensino, de práticas e da celebração de ritos.
2. O direito à objeção de consciência é reconhecido pelas legislações nacionais que regem o respectivo exercício.

Artigo II-11.º: Liberdade de expressão e de informação

1. Todas as pessoas têm direito à liberdade de expressão. Este direito compreende a liberdade de opinião e a liberdade de receber e de transmitir informações ou idéias, sem que possa haver ingerência de quaisquer poderes públicos e sem consideração de fronteiras.
2. São respeitados a liberdade e o pluralismo dos meios de comunicação social.

Artigo II-12.º: Liberdade de reunião e de associação

1. Todas as pessoas têm direito à liberdade de reunião pacífica e à liberdade de associação a todos os níveis, nomeadamente nos domínios político, sindical e cívico, o que implica o direito de, com outrem, fundarem sindicatos e de neles se filiarem para a defesa dos seus interesses.
2. Os partidos políticos a nível da União contribuem para a expressão da vontade política dos cidadãos da União.

Artigo II-13.º: Liberdade das artes e das ciências

As artes e a investigação científica são livres. É respeitada a liberdade acadêmica.

Artigo II-14.º: Direito à educação

1. Todas as pessoas têm direito à educação, bem como ao acesso à formação profissional e contínua.
2. Este direito inclui a possibilidade de freqüentar gratuitamente o ensino obrigatório.

3. São respeitados, segundo as legislações nacionais que regem o respectivo exercício, a liberdade de criação de estabelecimentos de ensino, no respeito pelos princípios democráticos, e o direito dos pais de assegurarem a educação e o ensino dos filhos de acordo com as suas convicções religiosas, filosóficas e pedagógicas.

Artigo II-15.º: Liberdade profissional e direito ao trabalho

1. Todas as pessoas têm o direito de trabalhar e de exercer uma profissão livremente escolhida ou aceite.
2. Todos os cidadãos da União têm a liberdade de procurar emprego, de trabalhar, de se estabelecer ou de prestar serviços em qualquer Estado-membro.
3. Os nacionais de países terceiros que sejam autorizados a trabalhar no território dos Estados-membros têm direito a condições de trabalho equivalentes àquelas de que beneficiam os cidadãos da União.

Artigo II-16.º: Liberdade de empresa

É reconhecida a liberdade de empresa, de acordo com o direito da União e as legislações e práticas nacionais.

Artigo II-17.º: Direito de propriedade

1. Todas as pessoas têm o direito de fruir da propriedade dos seus bens legalmente adquiridos, de os utilizar, de dispor deles e de os transmitir em vida ou por morte. Ninguém pode ser privado da sua propriedade, exceto por razões de utilidade pública, nos casos e condições previstos

por lei e mediante justa indenização pela respectiva perda, em tempo útil. A utilização dos bens pode ser regulamentada por lei na medida do necessário ao interesse geral.
2. É protegida a propriedade intelectual.

Artigo II-18.º: Direito de asilo

É garantido o direito de asilo, no quadro da Convenção de Genebra de 28 de Julho de 1951 e do Protocolo de 31 de Janeiro de 1967, relativos ao Estatuto dos Refugiados, e nos termos da Constituição.

Artigo II-19.º: Proteção em caso de afastamento, expulsão ou extradição

1. São proibidas as expulsões coletivas.
2. Ninguém pode ser afastado, expulso ou extraditado para um Estado onde corra sério risco de ser sujeito a pena de morte, a tortura ou a outros tratos ou penas desumanos ou degradantes.

TÍTULO III: IGUALDADE

Artigo II-20.º: Igualdade perante a lei

Todas as pessoas são iguais perante a lei.

Artigo II-21.º: Não discriminação

1. É proibida a discriminação em razão, designadamente, do sexo, raça, cor ou origem étnica ou social, caraterís-

ticas genéticas, língua, religião ou convicções, opiniões políticas ou outras, pertença a uma minoria nacional, riqueza, nascimento, deficiência, idade ou orientação sexual.

2. No âmbito de aplicação da Constituição e sem prejuízo das suas disposições específicas, é proibida toda a discriminação em razão da nacionalidade.

Artigo II-22.º: Diversidade cultural, religiosa e lingüística

A União respeita a diversidade cultural, religiosa e lingüística.

Artigo II-23.º: Igualdade entre homens e mulheres

Deve ser garantida a igualdade entre homens e mulheres em todos os domínios, incluindo em matéria de emprego, trabalho e remuneração.

O princípio da igualdade não obsta a que se mantenham ou adotem medidas que prevejam regalias específicas a favor do sexo sub-representado.

Artigo II-24.º: Direitos das crianças

1. As crianças têm direito à proteção e aos cuidados necessários ao seu bem-estar. Podem exprimir livremente a sua opinião, que será tomada em consideração nos assuntos que lhes digam respeito, em função da sua idade e maturidade.

2. Todos os atos relativos às crianças, quer praticados por entidades públicas, quer por instituições privadas, terão primacialmente em conta o interesse superior da criança.

3. Todas as crianças têm o direito de manter regularmente relações pessoais e contatos diretos com ambos os

progenitores, a menos que tal seja contrário aos seus interesses.

Artigo II-25.º: Direitos das pessoas idosas

A União reconhece e respeita o direito das pessoas idosas a uma existência condigna e independente e à sua participação na vida social e cultural.

Artigo II-26.º: Integração das pessoas com deficiência

A União reconhece e respeita o direito das pessoas com deficiência a beneficiarem de medidas destinadas a assegurar a sua autonomia, a sua integração social e profissional e a sua participação na vida da comunidade.

TÍTULO IV: SOLIDARIEDADE

Artigo II-27.º: Direito à informação e à consulta dos trabalhadores na empresa

Deve ser garantida aos níveis apropriados, aos trabalhadores ou aos seus representantes, a informação e consulta, em tempo útil, nos casos e nas condições previstos pelo direito da União e pelas legislações e práticas nacionais.

Artigo II-28.º: Direito de negociação e de ação coletiva

Os trabalhadores e as entidades patronais, ou as respectivas organizações, têm, de acordo com o direito da União e as legislações e práticas nacionais, o direito de negociar e de celebrar convenções coletivas aos níveis apropriados, bem como de recorrer, em caso de conflito de interesses, a ações coletivas para a defesa dos seus interesses, incluindo a greve.

Artigo II-29.º: Direito de acesso aos serviços de emprego

Todas as pessoas têm direito de acesso gratuito a um serviço de emprego.

Artigo II-30.º: Proteção em caso de despedimento sem justa causa

Todos os trabalhadores têm direito a proteção contra os despedimentos sem justa causa, de acordo com o direito da União e as legislações e práticas nacionais.

Artigo II-31.º: Condições de trabalho justas e equitativas

1. Todos os trabalhadores têm direito a condições de trabalho saudáveis, seguras e dignas.
2. Todos os trabalhadores têm direito a uma limitação da duração máxima do trabalho e a períodos de descanso diário e semanal, bem como a um período anual de férias pagas.

Artigo II-32.º: Proibição do trabalho infantil e proteção dos jovens no trabalho

É proibido o trabalho infantil. A idade mínima de admissão ao trabalho não pode ser inferior à idade em que cessa a escolaridade obrigatória, sem prejuízo de disposições mais favoráveis aos jovens e salvo derrogações bem delimitadas.

Os jovens admitidos ao trabalho devem beneficiar de condições de trabalho adaptadas à sua idade e de uma proteção contra a exploração econômica e contra todas as atividades susceptíveis de prejudicar a sua segurança, saúde ou desenvolvimento físico, mental, moral ou social, ou ainda de pôr em causa a sua educação.

Artigo II-33.º: Vida familiar e vida profissional

1. É assegurada a proteção da família nos planos jurídico, econômico e social.

2. A fim de poderem conciliar a vida familiar e a vida profissional, todas as pessoas têm direito a proteção contra o despedimento por motivos ligados à maternidade, bem como a uma licença por maternidade paga e a uma licença parental pelo nascimento ou adoção de um filho.

Artigo II-34.º: Segurança social e assistência social

1. A União reconhece e respeita o direito de acesso às prestações de segurança social e aos serviços sociais que concedem proteção em casos como a maternidade, doença, acidentes de trabalho, dependência ou velhice, bem como em caso de perda de emprego, de acordo com o direito da União e com as legislações e práticas nacionais.

2. Todas as pessoas que residam e se desloquem legalmente no interior da União têm direito às prestações de segurança social e às regalias sociais nos termos do direito da União e das legislações e práticas nacionais.

3. A fim de lutar contra a exclusão social e a pobreza, a União reconhece e respeita o direito a uma assistência so-

cial e a uma ajuda à habitação destinadas a assegurar uma existência condigna a todos aqueles que não disponham de recursos suficientes, de acordo com o direito da União e com as legislações e práticas nacionais.

Artigo II-35.º: Proteção da saúde

Todas as pessoas têm o direito de aceder à prevenção em matéria de saúde e de beneficiar de cuidados médicos, de acordo com as legislações e práticas nacionais. Na definição e execução de todas as políticas e ações da União, será assegurado um elevado nível de proteção da saúde humana.

Artigo II-36.º: Acesso a serviços de interesse econômico geral

A União reconhece e respeita o acesso a serviços de interesse econômico geral tal como previsto nas legislações e práticas nacionais, de acordo com a Constituição, a fim de promover a coesão social e territorial da União.

Artigo II-37.º: Proteção do ambiente

Todas as políticas da União devem integrar um elevado nível de proteção do ambiente e a melhoria da sua qualidade, e assegurá-los de acordo com o princípio do desenvolvimento sustentável.

Artigo II-38.º: Defesa dos consumidores

As políticas da União devem assegurar um elevado nível de defesa dos consumidores.

TÍTULO V: CIDADANIA

Artigo II-39.º: Direito de eleger e de ser eleito nas eleições para o Parlamento Europeu

1. Todos os cidadãos da União gozam do direito de eleger e de ser eleitos para o Parlamento Europeu no Estado-membro de residência, nas mesmas condições que os nacionais desse Estado.
2. Os membros do Parlamento Europeu são eleitos por sufrágio universal direto, livre e secreto.

Artigo II-40.º: Direito de eleger e de ser eleito nas eleições municipais

Todos os cidadãos da União gozam do direito de eleger e de ser eleitos nas eleições municipais do Estado-membro de residência, nas mesmas condições que os nacionais desse Estado.

Artigo II-41.º: Direito a uma boa administração

1. Todas as pessoas têm direito a que os seus assuntos sejam tratados pelas instituições, órgãos e agências da União de forma imparcial, equitativa e num prazo razoável.
2. Este direito compreende, nomeadamente:
    a) O direito de qualquer pessoa a ser ouvida antes de a seu respeito ser tomada qualquer medida individual que a afete desfavoravelmente;
    b) O direito de qualquer pessoa a ter acesso aos processos que se lhe refiram, no respeito pelos legítimos interesses da confidencialidade e do segredo profissional e comercial;

c) A obrigação, por parte da administração, de fundamentar as suas decisões.

3. Todas as pessoas têm direito à reparação, por parte da União, dos danos causados pelas suas instituições ou pelos seus agentes no exercício das respectivas funções, de acordo com os princípios gerais comuns às legislações dos Estados-membros.

4. Todas as pessoas têm a possibilidade de se dirigir às instituições da União numa das línguas da Constituição, devendo obter uma resposta na mesma língua.

Artigo II-42.º: Direito de acesso aos documentos

Qualquer cidadão da União, bem como qualquer pessoa singular ou coletiva com residência ou sede social num Estado-membro, tem direito de acesso aos documentos das instituições, órgãos e agências da União, seja qual for a forma em que tenham sido produzidos.

Artigo II-43.º: Provedor de Justiça Europeu

Qualquer cidadão da União, bem como qualquer pessoa singular ou coletiva com residência ou sede social num Estado-membro, tem direito de petição ao Provedor de Justiça Europeu em caso de má administração na atuação das instituições, órgãos ou agências da União, com excepção do Tribunal de Justiça Europeu e do Tribunal de Grande Instância no exercício das respectivas funções jurisdicionais.

Artigo II-44.º: Direito de petição

Qualquer cidadão da União, bem como qualquer pessoa singular ou coletiva com residência ou sede social num

Estado-membro, goza do direito de petição ao Parlamento Europeu.

Artigo II-45.º: Liberdade de circulação e de permanência

1. Qualquer cidadão da União goza do direito de circular e permanecer livremente no território dos Estados-membros.
2. Pode ser concedida liberdade de circulação e de permanência, de acordo com as disposições da Constituição, aos nacionais de países terceiros que residam legalmente no território de um Estado-membro.

Artigo II-46.º: Proteção diplomática e consular

Todos os cidadãos da União beneficiam, no território de países terceiros em que o Estado-membro de que são nacionais não se encontre representado, de proteção por parte das autoridades diplomáticas e consulares de qualquer Estado-membro, nas mesmas condições que os nacionais desse Estado.

TÍTULO VI: JUSTIÇA

Artigo II-47.º: Direito a ação judicial efetiva e a julgamento imparcial

Todas as pessoas cujos direitos e liberdades garantidos pelo direito da União tenham sido violados têm direito a uma ação efetiva em tribunal.

Todas as pessoas têm direito a que a sua causa seja julgada de forma equitativa, publicamente e num prazo ra-

zoável, por um tribunal independente e imparcial, previamente estabelecido por lei.
Todas as pessoas têm a possibilidade de se fazer aconselhar, defender e representar em juízo.
É concedido apoio judiciário a quem não disponha de recursos suficientes, na medida em que esse apoio seja necessário para garantir a efetividade do acesso à justiça.

Artigo II-48.º: Presunção de inocência e direitos de defesa

1. Todo o argüido se presume inocente enquanto não tiver sido legalmente provada a sua culpa.
2. É garantido a todo o argüido o respeito dos direitos de defesa.

Artigo II-49.º: Princípios da legalidade e da proporcionalidade dos delitos e das penas

1. Ninguém pode ser condenado por uma ação ou por uma omissão que, no momento da sua prática, não constituía infração à luz do direito nacional ou do direito internacional. Do mesmo modo, não pode ser imposta uma pena mais grave do que a aplicável no momento em que a infração foi praticada. Se, posteriormente à infração, a lei previr uma pena mais leve, deve ser essa a pena aplicada.
2. O presente artigo não prejudica a sentença ou a pena a que uma pessoa tenha sido condenada por uma ação ou por uma omissão que, no momento da sua prática, constituía crime à luz dos princípios gerais reconhecidos por todas as nações.
3. As penas não devem ser desproporcionadas em relação à infração.

Artigo II-50.º: Direito a não ser julgado ou punido penalmente mais do que uma vez pelo mesmo delito

Ninguém pode ser julgado ou punido penalmente por um delito do qual já tenha sido absolvido ou pelo qual já tenha sido condenado na União por sentença transitada em julgado, nos termos da lei.

TÍTULO VII: DISPOSIÇÕES GERAIS QUE REGEM A INTERPRETAÇÃO E A APLICAÇÃO DA CARTA

Artigo II-51.º: Âmbito de aplicação

1. As disposições da presente Carta têm por destinatários as instituições, órgãos e agências da União, na observância do princípio da subsidiariedade, bem como os Estados-membros, apenas quando apliquem o direito da União. Assim sendo, devem os seus destinatários respeitar os direitos, observar os princípios e promover a sua aplicação, de acordo com as respectivas competências e observando os limites das competências conferidas à União por outras Partes da Constituição.

2. A presente Carta não torna o âmbito de aplicação do direito da União extensivo a competências que não sejam as da União, não cria quaisquer novas atribuições ou competências para a União, nem modifica as atribuições e competências definidas nas outras Partes da Constituição.

Artigo II-52.º: Âmbito e interpretação dos direitos e dos princípios

1. Qualquer restrição ao exercício dos direitos e liberdades reconhecidos pela presente Carta deve ser prevista

por lei e respeitar o conteúdo essencial desses direitos e liberdades. Na observância do princípio da proporcionalidade, essas restrições só podem ser introduzidas se forem necessárias e corresponderem efetivamente a objetivos de interesse geral reconhecidos pela União, ou à necessidade de proteção dos direitos e liberdades de terceiros.

2. Os direitos reconhecidos pela presente Carta que se regem por disposições constantes de outras Partes da Constituição são exercidos de acordo com as condições e limites nelas definidos.

3. Na medida em que a presente Carta contenha direitos correspondentes aos direitos garantidos pela Convenção Européia para a Proteção dos Direitos do Homem e das Liberdades Fundamentais, o sentido e o âmbito desses direitos são iguais aos conferidos por essa Convenção. Esta disposição não obsta a que o direito da União confira uma proteção mais ampla.

4. Na medida em que a presente Carta reconheça direitos fundamentais decorrentes das tradições constitucionais comuns aos Estados-membros, tais direitos serão interpretados de harmonia com essas tradições.

5. As disposições da presente Carta que contenham princípios poderão ser implementadas através de atos legislativos e executivos aprovados pelas instituições e órgãos da União e por atos adotados pelos Estados-membros, em aplicação do direito da União, no exercício das respectivas competências. Só serão invocadas perante o juiz tendo em vista a interpretação desses atos e o controlo da sua legalidade.

6. Serão inteiramente tidas em conta as legislações e práticas nacionais especificadas na presente Carta.

Artigo II-53.º: Nível de proteção

Nenhuma disposição da presente Carta deve ser interpretada no sentido de restringir ou lesar os direitos do Homem e as liberdades fundamentais reconhecidos, nos respectivos âmbitos de aplicação, pelo direito da União, o direito internacional e as Convenções internacionais em que são Partes a União ou todos os Estados-membros, nomeadamente a Convenção Européia para a Proteção dos Direitos do Homem e das Liberdades Fundamentais, bem como pelas Constituições dos Estados-membros.

Artigo II-54.º: Proibição do abuso de direito

Nenhuma disposição da presente Carta deve ser interpretada no sentido de implicar qualquer direito de exercer atividades ou praticar atos que visem a destruição dos direitos ou liberdades por ela reconhecidos ou restrições desses direitos e liberdades maiores do que as previstas na presente.

ENDEREÇOS ELETRÔNICOS PARA PESQUISA INSTITUIÇÕES E ÓRGÃOS DA UNIÃO EUROPÉIA

Servidor Geral da União Européia	http://europa.eu.int
Comissão Européia	http://europa.eu.int/comm/index_es.htm
Conselho da União Européia	http://ue.eu.int/es/summ.htm
Parlamento Europeu	http://europarl.eu.int
Tribunal de Justiça das Comunidades Européias	http://curia.eu.int
Tribunal de Contas Europeu	http://eca.eu.int
Comitê Econômico e Social Europeu	http://esc.eu.int
Comitê das Regiões	http://cor.eu.int
Banco Central Europeu	http://ecb.int
Banco Europeu de Investimentos	http://eib.int
Ombudsman	http://euro-ombudsman.eu.int

DOCUMENTAÇÃO EUROPÉIA

Portal para o Direito da União Européia	http://europa.eu.int/eur-lex/pt/index.html
Conselho Europeu	http://europa.eu.int/european_council/index_pt.htm
Documentos da União Européia	http://europa.eu.int/documents/comm/index_pt.htm

O PROCESSO CONSTITUINTE NA INTERNET

Convenção Européia	http://european-convention.eu.int
O Futuro da Europa - Debate	http://europa.eu.int/futurum
Página do Parlamento Europeu sobre o Futuro da Europa	http://europarl.eu.int/europe2004/index_es.htm

OUTROS CENTROS DE DOCUMENTAÇÃO EUROPÉIA
(Textos em português)

CDE da Universidade de Coimbra	http://ara.ci.uc.pt/cdeuc/cdeuc.htm
CDE da Faculdade de Direito da Universidade de Lisboa	http://www.fd.ul.pt/institutos/cde/cde-dto.asp
CDE do Instituto Nacional de Informação de Portugal	http://www.ina.pt/cedo/cde.htm
CDE da Universidade Católica Portuguesa	http://www.libri.ucp.pt/cde/

(Textos em espanhol)

CDE da Universidade Complutense de Madri	http://www.ucm.es/BUCM/be
CDE da Universidade de Salamanca	http://cde.usal.es
CDE da Universidade de Santiago de Compostela	http://www.usc.es/cde
CDE da Universidade de Valência	http://www.uv.es/cde
CDE da Universidade de Valladolid	http://www.cdoce.uva.es

OUTROS CENTROS DE ESTUDOS SOBRE INTEGRAÇÃO EUROPÉIA NA REDE
(Textos em inglês e francês)

European Integration online Papers	http://eiop.or.at/eiop/
European Research Papers Archives	http://eiop.or.at/erpa/
Groupement d'Études et de Recherches Notre Europe	http://www.notre-europe.asso.fr
The European Policy Centre	http://www.theepc.net
European Policy Institutes Network	http://www.epin.org

BIBLIOGRAFIA

ACKERMAN, Bruce. "The Rise of World Constitutionalism." *In* Virginia Law Review n° 83, 1997, pp. 771-797.
ALDECOA Luzárraga, Francisco. *Una Europa: Su Proceso constituyente 2000-2003. La Innovación Política Europea y su Dimensión Internacional. La Convención, el Tratado Constitucional y su Política Exterior.* Madrid: Editorial Biblioteca Nueva, 2003.
ALEXY, Robert. *Teoría de los Derechos Fundamentales.* Trad. para o espanhol de Ernesto Garzón Valdés. Madri: CEPC, 2001.
_____. "Derecho Justo, Retroactividad y Principio de Legalidad Penal." Trad. Para o espanhol de A. Daniel Oliver-Lalano. *In* Doxa n° 23. Cuadernos de Filosofia del Derecho. Alicante: Universidad de Alicante, 2000, pp. 197-230.
ACOSTA SÁNCHEZ, José. *Formación de la Constitución y Jurisdicción Constitucional: Fundamentos de la Democracia Constitucional.* Madri: Tecnos, 1998.
ATANÁSIO, João (org.) *Textos Comunitários.* Lisboa: Plátano, 2003.
ÁVILA, Humberto, *Teoria dos Princípios da Definição à*

Aplicação dos Princípios Jurídicos. São Paulo: Malheiros, 2002.

_____. "Repensando o Princípio da Supremacia do Interesse Público sobre o Particular." *In* Revista Trimestral de Direito Publico, São Paulo, n° 24, 1998, pp.159-180.

BADINTER, Robert. *Une Constitution Européene*. Paris: Fayard, 2002.

BARACHO, José Alfredo de Oliveira. *Teoria da Constituição*. São Paulo: Resenha Universitária, 1979.

BARAV, Ami e PHILIP, Christian (orgs.). *Dictionnaire Juridique des Communautés Européennes*. Paris: PUF, 1993.

BARROSO, Luis Roberto. *O Direito Constitucional e a Afetividade de suas Normas*, Rio de Janeiro, Renovar, 1996, 3ª ed.

_____. *Interpretação e Aplicação da Constituição*. São Paulo: Saraiva, 1996.

BECK, Ulrich. *La Sociedad del Riesgo: Hacia una Nueva Modernidad*. Trad. para o espanhol de Jorge Navarro *et alii*. Barcelona: Paidós, 1998.

_____. *La Sociedad del Riesgo Global*. Trad. para o espanhol de Jesús Alborés Rey. Madrid: Siglo Veintiuno, 2002, p 36.

BERTEN, André. "Republicanismo e Motivação Política: Direito e Legitimidade," *In* MERLE, Jean Christophe & MOREIRA, Luiz (orgs.). *Direito e Legitimidade*. São Paulo: Landy, 2003, pp. 21-36.

BOBBIO, Norberto. *A Era dos Direitos*. (Trad. Carlos Nelson Coutinho). Brasília: Campus, 1992, 8ª ed.

BOBBITT, Philip. *Constitutional Fate: Theory of the Constitution*. Oxford: Oxford University Press, 1982.

BOGDANDY, Armin von. "The Preamble." *In* WITTE, Bruno de (org.).*Ten Reflections on the Constitutional Treaty for Europe*. European University Institute Robert Schuman Centre for Advanced Studies and Academy of European Law, pp. 3-10. *E-book* datado de abril de 2003, obtido pela página de internet www.germanlawjournal.com.

BONAVIDES, Paulo. *Teoria Constitucional da Democracia Participativa*. São Paulo: Malheiros, 2001.

_____. *Ciência Política*. São Paulo: Malheiros, 1998, 10ª ed.

BORGES NETTO, André Luiz. *Competências Legislativas dos Estados-membros*. São Paulo: Revista dos Tribunais, 1999

BÚRCA, Gráinne de. "Fundamental Rights and Citizenships." *In* WITTE, Bruno de (org.).*Ten Reflections on the Constitutional Treaty for Europe*. European University Institute Robert Schuman Centre for Advanced Studies and Academy of European Law, pp. 11-44. *E-book* datado de abril de 2003, obtido pela página de internet www.germanlawjournal.com..

CANOTILHO, Joaquim José Gomes. *Direito Constitucional e Teoria da Constituição*. 4ª ed. Coimbra: Almedina, 2000.

CARRILLO Salcedo, Juan Antonio. "Notas sobre el significado político y jurídico de la carta de los Derechos Fundamentales de la Unión Europea." *In* Revista de Derecho Comunitario Europeo n° 9, ano 5, jan/jun 2001, pp. 7-26.

CARULLA, Santiago Ripol. *La Unión Europea en Transformación. El Tratado de la Unión Europea en el Proceso de Integración Comunitaria*. Barcelona: Ariel Derecho, 1995.

CASTANHEIRA NEVES, A. *Entre o Legislador, a Sociedade e o Juiz: Ou entre Sistema, Função e Problema —Os Modelos Actualmente Alternativos de Realização Jurisdicional do Direito*. *In* Boletim da Faculdade de

Direito de Coimbra, vol. LXXIV [separata]. Coimbra: Coimbra, 1998. Posteriormente, esse autor consolidou seus estudos na obra O *Actual Problema Metodológico da Interpretação Jurídica*— I. Coimbra: Coimbra, 2003.

CATTONI, Marcelo, *Direito Processual Constitucional*, Belo Horizonte: Ed. Mandamentos, 2001

COELHO, Luís Fernando. *Teoria Crítica do Direito*. Belo Horizonte: Del Rey, 2003.

COMPARATO, Fabio Konder. *A Constituição Mexicana de 1917*, disponível em http://www.dhnet.org.br/educar/redeedh/ anthist/mex1917.htm.

DAHL, Robert. *How Democratic is the American Constitution?* New Haven: Yale University Press, 2002.

DENNINGER, Erhard. *Diritti dell'Uomo e Legge Fondamentale*. Trad. para o italiano de Luitgard Riegert e Carlo Amirante. Roma: G. Giappichelli, 1998.

DELSOL, Chantal Millon. *L'Etat Subsidiarie*. Paris: PUF, 1992.

DÍEZ-PICAZO, Luis Maria. *Constitucionalismo de la Unión Europea*. Madrid: Civitas, 2002.

DUHAMEL, Olivier e MÉNY, Yves. *Dictionaire Constitutionnel*. Paris: PUF, 1992.

DWORKIN, Ronald. *Taking Rights Seriously*. Cambridge: Harvard University Press, 2002, 18ª ed. *Los Derechos en Serio*. Trad. para o espanhol de Marta Guastavino. Barcelona: Ariel, 1995, 2ª reimp.

FAVOREAU, Louis e LLORENTE, Francisco Rubio, *El Bloque de la Constitucionalidad*. Madri: Civitas, 1991.

GARGARELLA, Roberto. *Crisis de la Representación Política*. México: Distribuidores Fontana, 1997.

GARCÍA-PELAYO, Manuel. *Derecho Constitucional Comparado*. Salamanca: Alianza Editorial, 2000, reimpr.

GONZÁLES Pérez, Jesús. *El Principio General de la Buena fe en el Derecho Administrativo*. Madrid: Civitas, 1983.

GOYARD-FABRE, Simone. *O Que é Democracia?* Trad. Cláudia Berliner, São Paulo: Martins Fontes, 2003.

GRAU, Eros Roberto. *A Ordem Econômica na Constituição: Interpretação e Crítica*. São Paulo: Revista dos Tribunais, 2001.

GRIMM, Dieter. "Una Costituzione per l'Europa?" Trad. para o italiano de Leonardo Ceppa, Fabio Fiore e Gabriela Silvestrini. *In* ZAGREBELSKY, Gustavo, PORTINARO, Pier Paolo e LUTHER, Jörg. *Il Futuro della Costituzione*. Torino: Einaudi, 1996, pp. 339-367.

GREWE, Contance e FABRI, Hélène Ruiz. *Droits Constitucionnels Européens*, Paris: PUF, 1995.

GUERRA FILHO, Willis Santiago. *A Filosofia do Direito: Aplicada ao Direito Processual e à Teoria da Constituição*. São Paulo: Atlas, 2002, 2ª ed.

HÄBERLE, Peter. *Pluralismo y Constitución: Estúdios de Teoria Constitucional de la Sociedad Aberta*. Trad. para o espanhol de Emilio Mikunda-Franco, Madrid: Tecnos, 2002

_____. *El Estado Constitucional*. México. Trad. para o espanhol de Héctor Fix-Fierro. Cidade do México: UNAM, 2001.

_____. *La* Verfassungsbeschwerde *nel Sistema della Giustizia Costituzionale Tedesca*. Trad. para o italiano de Antonio D'Atena. Milão: Giuffrè, 2000.

_____. "Derecho Constitucional Común Europeo." *In* PÉREZ LUÑO, Antonio-Enriques (coord.). *Derechos Humanos y Constitucionalismo ante el Tercer Milenio*. Madrid: Marcial Pons, 1996, pp. 187 a 223.

HABERMAS, Jürgen. *Era das Transições*. Trad. e introdu-

ção Flávio Siebeneichler. Rio de Janeiro: Tempo Brasileiro, 2003.
_____. *The Postnational Constellation: Political Essays.* Trad. para o inglês de Max Penski. Cambridge: The MIT Press, 2001.
_____. "Una Costituzione per l'Europa? Osservazioni su Dieter Grimm." Trad. para o italiano de Leonardo Ceppa, Fabio Fiore e Gabriela Silvestrini. *In* ZAGREBELSKY, Gustavo, PORTINARO, Pier Paolo e LUTHER, Jörg. *Il Futuro della Costituzione.* Torino: Einaudi, 1996, pp. 369-375.
_____. *A Inclusão do Outro: Estudos de Teoria Política.* Trad. George Sperber e Paulo Astor Soethe (UFPR). São Paulo: Loyola, 2002, p.149.
HECK, Luis Afonso, O *Tribunal Constitucional Federal e o Desenvolvimento dos Princípios Constitucionais,* Porto Alegre: Sergio Fabris, 1995
HOBSBAWM, Eric, *A Era dos Extremos: O Breve Século XX: 1941-1991.* Trad. Marcos Santarrita. São Paulo: Cia. das Letras, 1995.
HORTA, Raul Machado. *Estudos de Direito Constitucional.* Belo Horizonte:Del Rey, 1995.
KELSEN, Hans. *Teoria Geral do Direito e do Estado.* Trad. Luís Carlos Borges. São Paulo: Martins Fontes; 1998.
_____. *Teoria Pura do Direito.* Trad. João Baptista Machado. São Paulo: Martins Fontes, 1987, 2ª ed.
KLABBERS, Jan e LEINO, Päivi. "Death by Constitution: The Draft Treaty Establishing a Constitution for Europe." *In* German Law Journal, vol. 4, nº 12, dez.2003, pp. 1293-1305. Artigo eletrônico disponível em www.germanlawjournal.com.
LEFEVRE, Maxime. "Quel Avenir pour l'Union Européenne." *In* MONTBRIAL, Thierry e DEFARGES, Philippe Moreau (orgs.). *Les Grands Tendances du Monde*

2004. RAMSES (Rapport Annuel Mondial sur le Système Économique et les Stratégies), Paris: Ifri, 2003, pp. 77-92.

LIMA, Roberto Kant de (org.). Prefácio. *In Antropologia dos Direitos Humanos, 2*, Niterói: UFF, 2003, pp. 5 e 6.

LLORENS, Montserrat di. *Los Derechos Fundamentales en el Ordenamiento Comunitario*. Barcelona: Ariel Derecho, 1999.

LLORENTE, Francisco Rubio. "Divide et obtempera? Una Reflexión desde España sobre el Modelo Europeo de Convergencia de Jurisdicciones en la Protección de los Derechos," *in Revista Española de Derecho Constitucional n 67, jan/abr de 2003*, pp. 49-67.

JONAS, Hans. *El Principio de Responsabilidad: Ensayo de una Ética para la Civilización Tecnológica*. Trad. para o espanhol de Javier Maria Fernandez Retenega. Barcelona: Herder,1995.

JOUANJAN, Olivier. "Figures Politiques de l'Europe Unie." *In Cités (Philosophie, Politique Histoire)* n° 13, 2003. Paris: PUF, 2003.

MACHADO, Jónatas Eduardo Mendes. *Direito Internacional: do Paradigma Clássico ao Pós-11 de Setembro*. Coimbra: Coimbra, 2003.

MADISON, James. "O Federalista n° 10." *In* HAMILTON, Alexander, JAY, John, MADISON, James (orgs.). *O Federalista*. Trad. Ricardo Rodrigues Gama. Campinas: Russell Editores, 2003.

MAHLMANN, Mathias "Religions Tolerance, Pluralist Society and the Neutrality of the State: The Federal Constitutional Court's Decision in the Headscarf Case." *German Law Jornal*, vol. 4, n° 11. Disponível em www.germanlawjournal.com.

MERLI, Franz. "Hacia una Constitución Comun Europea."

In Revista de Derecho Comunitario Europeo, n° 9, ano 5, jan/jun2001, pp. 241.-258.

MOREIRA NETO, Diogo de Figueiredo. "A Ordem Econômica na Constituição de 1988." *In Revista de Direito da Procuradoria Geral do Estado do Rio de Janeiro*, 1990, pp. 42-57.

NANCLARES, J. Martin y Perez de. "El Proyecto de Constitución Europea: Reflexiones Sobre los Trabajos de la Convención." *In Revista Derecho Comunitario Europeo*, n° 15, ano 7, mai/ago 2003, pp. 527-572.

PERELMAN, Chaïm e OLBRECHTS-TYTECA, Lucie. *Tratado da Argumentação: A Nova Retórica*. Trad. Maria Ermantina Galvão G. Ferreira. São Paulo: Martins Fontes, 2000.

PÉREZ LUÑO, Antonio-Enrique. *Derechos Humanos, Estado e Constitución*. Madri: Tecnos, 2001, 7ª ed.

PINTO FERREIRA, Luiz. *Curso de Direito Constitucional*. São Paulo: Saraiva, 1993, 6ª ed.

PISARELLO, Gerardo. "Cuestiones Constitucionales" [Resenhas]. México: Universidad Nacional Autónoma de México, Instituto de Investigaciones Jurídicas, 1999. Disponível em: http://www.ejournal.unam.mx/cuestiones/ cconst.index.html.

PIZZORUSSO, Alessandro. "Gli Effetti delle Decisioni delle Corte Costituzionale nei Giudizi Ordinari." *In Rivista Trimestrale di Diritto e Procedura Civile*, ano XLI, 1987, pp. 909-924.

POSNER, Richard A., *Law, Pragmatism and Democracy*. Cambridge: Harvard University Press, 2003.

PRIETO SANCHÍZ, Luiz. "Tribunal Constitucional y Positivismo Jurídico," *in Doxa* n° 23. *Cuadernos de Filosofia del Derecho*. Alicante: Universidade de Alicante, 2003, pp. 161-195.

QUEIROZ, Cristina M.M.. *Direitos Fundamentais (Teoria Geral)*. Coimbra: Coimbra, 2002.

_____. *Interpretação Constitucional e Poder Judicial: Sobre a Epistemologia da Construção Constitucional*. Coimbra: Coimbra, 2000.

RAWLS, John. *Uma Teoria da Justiça*. Trad. Almiro Pisetta e Lenita M. Esteves. São Paulo: Martins Fontes, 2000.

ROSENFELD, Michel. "La Convention Europeénne et l'Oevres des Constituants Américains." *In Cités (Philosophie, Politique Histoire)* nº 13, 2003. Paris: PUF, 2003.

ROUSSEAU, Dominique. "Les Constitutions Possibles pour l'Éurope." *In Cités (Philosophie, Politique Histoire)* nº 13, 2003. Paris: PUF, 2003.

ROXIN, Claus. *Funcionalismo e Imputação Objetiva no Direito Penal*. Trad. e Introdução Luís Greco, Rio de Janeiro: Renovar, 2002.

SALDANHA, Nelson. *Ordem e Hermenêutica*. Rio de Janeiro, Renovar, 1992.

SAMPAIO, José Adércio Leite, *A Constituição Reinventada pela Jurisdição Constitucional*, Belo Horizonte: Del Rey, 2002.

SENA, Francesc de Carreras. "Por una Constitución Europea." *In* PÉREZ LUÑO, Antonio—Enriques (coord.). *Derechos Humanos y Constitucionalismo ante el Tercer Milenio*. Madrid: Marcial Pons, 1996, pp. 225 a 254.

SIEDENTOP, Larry. *La Democracia en Europa*. Trad. para o espanhol de Antonio Resines Rodrigues e Herminia Bebía Villalba. Madri: Siglo Veintiuno, 2001.

SILVA, José Afonso da. *A Federação e o Direito Constitucional Positivo*, 13ª ed., São Paulo: Malheiros, 1997.

STACKELBERG, Roderick. *A Alemanha de Hitler*. Trad. A. B. Pinheiros. Rio de Janeiro: Imago, 2002.

STRECK, Lenio Luiz, *Jurisdição Constitucional e Hermenêutica*, Porto Alegre: Livraria do Advogado, 2002.
STRENGER, Irineu. *Direito Internacional Privado*. 5ª ed. São Paulo: LTr, 2003
SUNSTEIN, Cass R. *One Case at a Time: Judicial Minimalism on the Supreme Court*. Cambridge e Londres: Harvard University Press, 2001, 2ª ed.
SWEET, Alec Stone. "Cidadania Transnacional e Sociedade Global." *In Cidadania e Novos Poderes Numa Sociedade Global*. Sem indicação de tradutor. Lisboa: Calouste Gulbenkian, 2000.
TEJADA, Javier Tajadura. "Estudio Preliminar: Valor Jurídico y Función Política de los Preámbulos Constitucionales." *In* DEL MORAL, ANTONIO Torrea y TEJADA, Antonio Tajadura. *Los Preámbulos Constitucionales en Ibero America*. Madrid: Centro de Estudos Políticos Constitucionales, 2001, pp. 13-36.
TUNDISI, José Galizia, SILVA, Dionisio da. "Apresentação." *In* SATO, Michele, SANTOS, José Eduardo dos (orgs.). *Agenda 21: em Sinopse*. São Carlos: EdUFSCar,1999, pp. 9-10.
TULKENS, Françoise e CALLEMAIN, Johan. "A Carta dos Direitos Fundamentais da União Européia: o Ponto de Vista de uma Juíza da Corte Européia de Direitos Humanos." *In* PIOVESAN, Flavia (org.) *Direitos Humanos, Globalização Econômica e Integração Regional: Desafios do Direito Constitucional Internacional*. São Paulo: Max Limonad, 2002, pp. 173-189.
TUSHNET, Mark. *The New Constitutional Order*. Princeton: Princeton University Press, 2003.
VIDAL GIL, Ernesto J. "Los Derechos Humanos como Derechos Subjetivos." *In* BALLESTEROS, Jesús (org.). *Derechos Humanos*. Madri: Tecnos, 1992, pp. 22-41.
VIEIRA, Liszt. "Entre a Terra e o Céu: A Cidadania do

Nacional ao Global." *In* ANONNI, Danielle (org.). *Os Novos Conceitos do Novo Direito Internacional: Cidadania, Democracia e Direitos Humanos*. Rio de Janeiro: América Jurídica, 2002, pp. 387 a 407.

VIEIRA, José Ribas *et al*. "Da Vontade do Legislador ao Ativismo Judicial: Os Impasses da Jurisdição Constitucional. *In Revista Informe Legislativo* nº 160, ano 40. Brasília: Edições Técnicas do Senado, out./dez. 2003, pp. 223-243.

VIEIRA DE ANDRADE, José Carlos. *Os Direitos Fundamentais na Constituição Portuguesa de 1976*. Coimbra: Almedina, 2001, 2ª ed.

ZAGREBELSKY, Gustavo. *El Derecho Ductil: Ley, Derechos, Justicia*. Trad. para o espanhol de Mariana Gascón. Madri: Editorial Trotta, 1995.

ZILLER, Jacques e LOTARSKI, Jaroslav. "Institutions et Organes Judiciaires." *In* WITTE, Bruno de (org.).*Ten Reflections on the Constitutional Treaty for Europe*. European University Institute Robert Schuman Centre for Advanced Studies and Academy of European Law, pp. 67-84. *E-book* datado de abril de 2003, obtido pela página de internet www.germanlawjournal.com.

WEILER, J. H. H. e WIND, Marlene. "European Constitutionalism Beyond the State." Cambridge: Cambridge University Press, 2003.

Impresso em offset nas oficinas da
FOLHA CARIOCA EDITORA LTDA.
Rua João Cardoso, 23 – Tel.: 2253-2073
Fax.: 2233-5306 – Rio de Janeiro – RJ – CEP 20220-060